Pasta

ETWAS ANDERS

William Ledeuil hat seine Liebe zum Kochen von seinen Eltern geerbt. Er ging beim Sternekoch Guy Savoy in die Lehre. Eine Reise nach Bangkok im Jahr 2001 initiierte seine Liebe zur asiatischen Küche. Seinen ersten Michelin-Stern erhielt er 2008. Neben seinem Gault-Millau-Restaurant *Ze Kitchen Galerie* hat er vor kurzem noch das Restaurant *Kitchen Galerie Bis* eröffnet. Trotz seiner vielfältigen Auszeichnungen wird Ledeuil bis heute für seine Bodenständigkeit gerühmt. Bei Jacoby & Stuart erschien bereits sein preisgekröntes Buch *Bouillon*.

Louis Laurent Grandadam ist ein sehr angesehener französischer Fotograf, der sich vor allem auf Foodfotografie spezialisiert hat und bereits für etwa zwanzig Kochbücher die Fotografien angefertigt hat.

Ein verlagsneues Buch kostet in ganz Deutschland und Österreich jeweils dasselbe. Das liegt an der gesetzlichen Buchpreisbindung, die dafür sorgt, dass die kulturelle Vielfalt erhalten und für die Leser bezahlbar bleibt. Also: Egal ob im Internet, in der Großbuchhandlung, beim lokalen Buchhändler, im Dorf oder in der Stadt – überall bekommen Sie Ihre verlagsneuen Bücher zum selben Preis.

Die französische Originalausgabe ist 2016 unter dem Titel *Pâtes autrement* bei Éditions de La Martinière, Paris erschienen.
© 2016 Éditions de La Martinière, une marque de la société EDLM

Für die deutsche Ausgabe:
© 2017 Verlagshaus Jacoby & Stuart, Berlin
Alle Rechte vorbehalten
Printed in Solvenia
ISBN 978-3-946593-29-4
www.jacobystuart.de
Unsere Trailer auf www.youtube.com/jacobystuart

WILLIAM LEDEUIL

Pasta
ETWAS ANDERS

FOTOGRAFIEN VON
Louis Laurent Grandadam

AUS DEM FRANZÖSISCHEN VON
Nicola T Stuart

VERLAGSHAUS JACOBY ⌂ STUART

Mehl und Wasser. Die Vereinigung dieser beiden ist die Basis. Ich würde sagen, dass diese Allianz von grundlegender Bedeutung ist. Aus diesen elementaren Grundzutaten lassen sich unendlich viele verschiedene Pastasorten herstellen, von den einfachsten bis zu den anspruchsvollsten.

Die Italiener gelten als Meister der Pasta, aber die Kultur der Nudel ist auch in Asien allgegenwärtig. Und in Frankreich? Nun – Brot, die Grundlage unserer Ernährung, ist ja auch nichts anderes als Mehl und Wasser, oder?
So viel ich weiß, habe ich keine Vorfahren jenseits der Alpen, doch Pasta war schon immer ein Teil meines Repertoires. In der Geographie meiner Küche setze ich mich mit Freuden über alle Grenzen hinweg. Die Neugierde ist es, die die Geschmacksknospen leitet.

Im Jahr 2001, als ich mein Restaurant *Ze Kitchen Galerie* eröffnet habe, bestand mein Angebot aus drei Kategorien: Fisch inklusive Meeresfrüchten sowie Bouillons und Pasta. Ja – schon damals BOUILLONS und PASTA. Die Grundpfeiler meiner Küche. Die intime Verbindung zwischen Pasta al dente und der Bouillon. Die Bouillon ist es, die dem Teig den letzten Schliff verleiht. Nudeln in Tom kha gai-Bouillon zu kochen, ist geradezu zum Inbegriff meiner beiden Restaurants *Ze Kitchen Galerie* und *Kitchen Galerie Bis* (*KGB*) geworden. Es gibt dort kein Menü ohne einen Pasta-Gang.

Das Kochen von Teigwaren erfordert keine besondere technische Finesse, aber Präzision, denn die Kochzeiten müssen genau beachtet werden, und die Aromazutaten müssen ausgewogen sein, die Aromen miteinander harmonieren. Neben dem ästhetischen Vergnügen, das die Pasta uns aufgrund ihrer verschiedenen Formen, Texturen und Größen bereitet, wird sie erst durch die sie begleitenden Saucen richtig lebendig. Und bei den Pasta-Saucen sind unserer Fantasie und Spontaneität keine Grenzen gesetzt.

Ich habe dieses Buch als eine Art Spielbrett gestaltet, auf dem Sie die Geschmackspaletten, die ich Ihnen vorschlage, beliebig kombinieren können. Auf den Aromafeldern finden Sie die Geschmacksrichtungen, auf den anderen die Zutaten, die für die Textur verantwortlich sind, angefangen mit einer ganzen Palette von knusprigen Beilagen, und dann noch Gewürze, die Ihren Gaumen überraschen werden ... Kurz, lauter Einladungen, Pasta immer wieder neu zu interpretieren und je nachdem, was Sie ausdrücken wollen, spielerisch etwas Neues zu finden.

Es wird Zeit, dass ich diese Geschichte mit Ihnen teile. Sie fängt bei mir vielleicht damit an, dass italienische Pasta eine asiatische Bouillon trifft. Oder umgekehrt.

William Ledeuil

EINIGE RATSCHLÄGE

Bevor Sie sich meiner »Zutaten-Bibliothek« zuwenden, möchte ich Ihnen noch ein paar Grundregeln mit auf den Weg geben. Wenn Sie erst einmal begonnen haben, Pasta auf »meine« Art zuzubereiten, werden Ihre Inspirationen entfesselt sein und Sie werden offen für neue Aromen sein. Sie werden für ihre Pasta eigene Kombinationen von Texturen und Aromen finden. Keine Regel ist dafür da, streng befolgt zu werden, lassen Sie Ihrer Kreativität freien Lauf.

Die Nudelsorten auswählen

Persönlich gesprochen, muss ich sagen, dass ich getrocknete Nudeln den frischen vorziehe. Wenn sie mit einem Qualitätsmehl gemacht sind, das dafür bürgt, dass sie beim Kochen ihre Form bewahren, bieten die trockenen Nudeln eine Vielfalt von Gestaltungen, die dann das jeweilige Rezept charakterisieren. Die flachen frischen Nudeln dagegen sind geschmacklich weniger markant.

Lang, kurz, geriffelt, spiralförmig, muschelförmig, in Form von Reiskörnern oder fliegenden Untertassen – die große Auswahl von Pasta trägt zum Kochvergnügen bei. Aber auch abgesehen vom ästhetischen und spielerischen Reiz sind die verschiedenen Formen nicht unerheblich, denn sie nehmen Saucen auf ganz unterschiedliche Weise auf, was wiederum den Geschmack beeinflusst.

Die Nudeln mit einfachen **Formen** wie *Linguine*, *Bucatini* oder *Spaghettoni* passen am besten zu leichten Saucen. Die röhrenförmigen und die mit komplizierteren Formen dagegen, wie *Conchiglie*, *Disci volanti* oder *Fusilli*, halten die dickeren Saucen mit kleinen Stückchen besser in ihren Höhlungen fest.

Nudeln mit glatter **Textur** (*Tagliatelle*, *Linguine*, *Soba* usw.) isst man mit leichten Saucen, die nicht festgehalten werden müssen. Die geriffelten dagegen (*Rigatoni*, *Penne rigate*) halten dickflüssige Soßen besser fest.

Wenn Sie Lust und Zeit haben, Ihre eigenen Nudeln herzustellen,

ist es vor allem wichtig, dass Sie Bio-Mehl aus alten Getreidesorten wählen und keine Hybridpflanzen, die für den größtmöglichen Ertrag gezüchtet worden sind. Die alten Sorten haben von Natur aus einen jeweils einzigartigen Geschmack und bieten somit eine große Auswahl von Aromen. Ganz abgesehen davon, dass sie wegen ihres geringen Glutengehalts besser verdaulich sind.

Ausrüstung

Für Pasta braucht es keine Armada anspruchsvoller Gerätschaften:

- einen großen Kochtopf
- einen Deckel für den Topf, damit das Wasser, nachdem die Nudeln hineingegeben wurden, schnell wieder kocht

¶ ein großes Sieb, um die Nudeln abgießen zu können

¶ eine schöne große Schüssel, um die Nudeln mit der Sauce zu servieren

Mengenangaben

Eine ganz einfache Regel:

10 g Salz

100 g Nudeln

1000 g Wasser (sprich 1 Liter)

Ich rechne 60 g pro Person, wenn es sich um eine Vorspeise handelt, 80 g für eine Beilage und 100 g, wenn es sich um einen Hauptgang handelt.

Sparen Sie nicht an der Wassermenge. Beim Kochen absorbieren Nudeln Wasser und geben Stärke ab. Ist die Wassermenge unzureichend, wird Wasser schnell durch die Stärke und den Zellstoff Agglutinat gesättigt. Eine große Menge an Wasser stellt auch sicher, dass das Wasser nach der Zugabe der Nudeln schnell wieder aufkocht.

Kochzeit

Dieser Schritt ermöglicht der Pasta Geschmack und Textur zu bekommen. Die Nudeln werden in kochendem Wasser bei starker Hitze gegart. Sie sollten während des Kochens regelmäßig umgerührt werden, damit sie nicht zusammenkleben.

Ein Tropfen Öl gibt dem Kochwasser Geschmack und begrenzt das Risiko des Überkochens, aber verhindert es nicht.

Die Kochzeit variiert, was die Marke sowie die Sorten der Pasta angeht.

Die beste Methode ist es, die Nudeln regelmäßig zu probieren. Gerade bei kurzen und frischen Nudeln ist es wichtig, bei der Kochzeit besonders wachsam zu sein.

Abgießen

Die Pasta nach dem Kochen sofort abgießen, aber – mit Ausnahme von *Udon*nudeln – nicht mit Wasser abschrecken. Denn das lässt die Stärke abkühlen, und die ist für die Bindung der dazugehörigen Sauce und anderer Zutaten unbedingt erforderlich.

Verbindung

Dieser Schritt der innigen Vermischung der Nudeln mit der Sauce, bei der die Nudeln von Sauce überzogen sein sollen, ist essentiell, um ein wunderbar schmackhaftes Gericht zu erhalten.

Für den letzten Schliff werden ganz zum Schluss Kräuter und Blüten hinzugegeben, die aber nicht heiß werden dürfen, und die dazu beitragen, das jeweilige Aroma zu verfeinern.

MEHLSORTEN

Die Qualität des Mehls

Wenn man seine eigenen Nudeln herstellt, geht es weniger um das Rezept als vielmehr um die Art des Mehls und damit des Getreides. Obgleich ich stets auf der Suche nach den besten Qualitäten war und auch wusste wie wichtig die unterschiedlichen Mehlsorten sind, hatte ich mich doch noch nicht intensiv genug damit befasst, als ich Roland Feuillas kennenlernte. Die Begegnung erwies sich als überaus wichtig für mich. Sie hat mir die Augen geöffnet.

Seit einem Dutzend Jahren widmet sich dieser ehemalige Informatiker in Cucugnan am Fuß der Pyrenäen mit Leidenschaft den alten Weizensorten, die er ohne Dünger und ohne gewaltsame Bodenbearbeitung nach dem aufgeklärten Konzept der Permakultur anbaut. In einer alten Mühle mahlt er sein Getreide nach alten Verfahren sorgfältig mit Mühlsteinen aus Granit und erzielt so Mehlsorten mit reichem Nährwert und reichem Geschmack. In seiner Bäckerei bietet er eine Fülle von Broten, Gebäck und Pasta an, die von dieser Suche nach Authentizität zeugen. Ich habe in Roland also jemand kennengelernt, der zugleich Bauer, Müller, Bäcker ist, und zudem ein Geschmacksphilosoph und ein Visionär. Einige Tage lang haben wir begeistert erkundet, wie seine Mehlsorten und die charakteristischen Ingredienzien meiner Küche bei Pasta zusammenwirken. Dasselbe Rezept, durchdekliniert mit verschiedenen Weizensorten, führte zu verblüffend unterschiedlichen Resultaten. Während Roland meine schnörkellose Küche schätzt, habe ich mich in seine Hartweizenpasta ohne Eier verliebt, in denen alle Aromen des Getreides erhalten sind. Es war eine schöne Begegnung unserer beider Welten. Roland Feuillas kann sehr gut die Vorzüge der vier Weizensorten erklären, die zu benutzen ich mich entschlossen habe. Ich überlasse ihm das Wort.

1- Hartweizen

Unsere Hartweizensorten, die reich an Nährstoffen sind, stammen von sehr alten Sorten ab und werden sorgfältig zwischen zwei Mühlsteinen aus dem Granit des Zentralmassivs gemahlen. In unserem Mehl bleibt alles erhalten, nichts wird abgerissen, ausgemustert oder zerstört. Um unsere Nudeln zu machen, schütten wir unser Mehl in eine besondere Knetmaschine. Die durchgeknetete Masse kommt dann in eine Maschine mit einem Kolben und einem bronzenen Pressring, durch den die Nudelmasse hindurch muss. Dies nennt man das »Ziehen« der Nudeln. Danach wird die Pasta in der Außentemperatur getrocknet, nicht in geheizten Trockenkammern. Wir möchten, dass alles langsam und sorgfältig geschieht. Es ist übrigens faszinierend, dass wir dies mit William Ledeuil gemeinsam haben, dessen Schlüsselwort ebenfalls »Sorgfalt« ist.

2- Barbu du Roussillon

Der Barbu du Roussillon ist eine ländliche Weizensorte, ein zarter Weizen, der jahrhundertelang von der Landbevölkerung in derselben Gegend kultiviert worden ist. Er ist extrem angepasst an den Boden, aus dem er entstanden ist. Im Roussillon fühlt er sich zu Hause. Dieser Weizen hat viel Charakter und enorm viel Geschmack. Seine Glutene zerfallen äußerst leicht, was die Bekömmlichkeit erhöht. Gekocht zerschmilzt er in einzigartiger Weise auf der Zunge. Das passt sehr gut zu Williams Küche, zu seinen feinen deliziösen Bouillons.

3- Einkorn

Einkorn, der oft auch »kleiner Spelz« genannt wird, gehört zu den am frühesten domestizierten Getreidearten und hat also entscheidend dazu beigetragen, dass die Menschen sesshaft wurden. Er stammt aus dem fruchtbaren Halbmond und ist dann nach Norden gewandert. Unter den 300 Sorten, die beim Nationalen Agronomischen Forschungsinstitut in Frankreich geführt werden, haben wir etwa fünfzig getestet, bevor wir diejenige ausgesucht haben, aus der das Mehl für *Ze Kitchen Galerie* und *KGB* gemacht wird. Das Einkornmehl ist sehr gelb; diese Pigmentierung rührt von den vielen Karotinoiden her, die auf einen hohen Nährwert schließen lassen. Für den Weizen wie für zahlreiche andere Lebensmittel gilt, dass mit einem hohen Nährwert reiche Aromen einhergehen. Einkorn besitzt nur sehr wenig Gluten. Unser Einkorn stammt von den Südhängen des Mont Ventoux.

4- Khorasan der Marke Kamut

Khorasan-Weizen ist einer der Ahnen der modernen Weizensorten und hat seinen Namen von der Region Khorasan im Nordosten des Iran. Von dort ist er südwärts, vor allem nach Ägypten, gewandert; die Sorte Kamut stammt aus dem Nildelta. Später hat man dann untersucht, welche Eigenschaften der ideale Boden für dieses Getreide haben muss. Der Amerikaner Bob Quinn hat in den USA und in Kanada solche Böden ausfindig gemacht, die sehr viel Wasser während des Herbstregens abbekommen und am Ende der Wachstumsperiode extrem austrocknen. Die dort angebaute Sorte ist als Marke registriert; ihre Eigenschaften sind damit garantiert. Unser Khorasan-Weizen der Marke Kamut kommt aus Saskatchewan in Kanada, wo er ideale Wachstumsbedingungen vorfindet. Mit seiner sehr guten Verdaulichkeit ist dieses Getreide besonders empfehlenswert für Menschen mit Glutenintoleranz.

KURZE NUDELN
WEIZENMEHL

1- Ruote pazze

2- Rigatoni

3- Paccheri

4- Vollkorn-Pennucce

5- Mezzi rigatoni

6- Vollkorn-Fusilli

7- Penne rigate

8- Orecchiette

9- Fusilli

10- Mezze maniche

11- Tubetti rigati

12- Lumache

LANGE NUDELN
WEIZENMEHL

1- Lasagnette

2- Bucatini

3- Tagliatelle

4- Spaghettoni

5- Linguine

6- Capelli d'angelo

7- Vollkorn-Linguine

NUDELN
BUCHWEIZENMEHL

1- Pappardelle
_____

2- Coquillettes
_____

3- Riso (Reiskornnudeln)
_____

4- Likenn (von Le Ruyet aus der Bretagne)

ASIATISCHE NUDELN

1- Soba

Diese Buchweizennudeln gehören in Japan zu den am meisten zubereiteten. Die feinen 1–2 mm dünnen Teigwaren werden genau wie europäische Nudeln in kochendem Wasser gegart und heiß (normalerweise in einer Brühe) oder kalt verzehrt. Die äußerst beliebten und teuren Sobanudeln werden ausschließlich aus Buchweizen hergestellt. Bei den weniger teuren Sobanudeln wird Weizenmehl zum Buchweizen zugegeben. Es gibt sogar Sorten, denen grüner Tee oder Algen als aromagebende Substanzen hinzugefügt werden.

2- Udon

Die dicken Udonnudeln (2–4 mm Dicke je nach Region) werden aus Weizenmehl, Salz und Wasser hergestellt. Sie haben eine elastische Textur und werden wie die Sobanudeln heiß oder kalt gegessen. Da sie sich schnell zubereiten lassen und nicht so teuer wie Sobanudeln sind, erfreuen sie sich in Japan großer Beliebtheit. Viele Restaurants machen sie zu ihrer Spezialität.

3- Ramen

Diese Weizennudeln stammen ursprünglich aus China, wurden aber bereits im 19. Jahrhundert in die japanische Küche integriert, denn es war zu dieser Zeit einfacher, Weizenmehl zu beschaffen als Reis. In Japan werden Ramen, bzw. die mit ihnen hergestellte Nudelsuppe in speziellen Ramen-Läden verkauft, den *Ramen-ya*. Außerhalb Japans sind Ramen besonders von Instantsuppen bekannt.

1

2

3

BOUILLON-GRUNDREZEPTE

Allgemeiner Ratschlag zu den Grundbouillons, aus denen dann die jeweilige Tom kha gai hergestellt werden.

Ich rate Ihnen, immer gleich eine große Portion Bouillon zu kochen, damit Sie sie später stets griffbereit haben. Dadurch sparen Sie wertvolle Zeit und können, wann immer Ihnen danach ist, schnell eine hausgemachte Bouillon genießen. Die Bouillon hält sich drei Tage im Kühlschrank und bis zu sechs Monate im Gefrierschrank. Frieren Sie sie jeweils in Behältnisse unterschiedlicher Größen ein (Eiswürfelschalen, Plastikflaschen von 200–500 ml etc.).

1- Nuoc-mâm-Sauce

2- Rote Currypaste

3- Zitronensaft

4- Grüne Currypaste

5- Pandanusblätter

6- Kokosmilch

7- Safran

8- frischer Kurkuma

9- Ingwer

10- Palmzucker

11- Galgant (auch Thai-Ingwer genannt)

12- Kaffirlimettenblätter

13- Zitronengras

Tom kha gai-Fischbouillon

Ergibt etwa 2,5 l
Vorbereitungszeit 20–30 Minuten
Kochzeit 1 h 40

GRUNDZUTATEN FÜR DIE FISCHBOUILLON
1,5 kg Fisch wie für eine Bouillabaisse
(z. B. Rotbarbe, Knurrhahn, Streifenbarbe etc.,
bitten Sie Ihren Fischhändler,
die Fische zu schuppen, auszunehmen
und in Stücke zu schneiden)
100 ml Pastis
4 l Wasser

AROMAZUTATEN FÜR DIE FISCHBOUILLON
½ Kaffirlimette, halbiert
4 Zitronengrasstengel, der Länge nach halbiert
½ rote Chilischote, entkernt
150 g Fenchel, geputzt + gehackt
2 Tomaten, geputzt + gehackt
100 g Staudensellerie, geputzt + gehackt
150 g Zwiebeln, geputzt + gehackt
150 g Schalotten, geputzt + gehackt
6 Knoblauchzehen, geputzt + gehackt
50 ml Olivenöl
6 Kaffirlimetten- oder Zitronenblätter
1 Msp Safran
2 Sternanis
1 TL Timutpfefferkörner (S. 34)
1 TL Korianderkörner

AROMAZUTATEN FÜR DIE TOM KHA GAI
15 g rote Currypaste
3 Zitronengrasstengel, feingehackt
5 Limettenblätter, feingehackt
1 Curryblatt, feingehackt
½ Kurkumawurzel, geschält + gehackt
500 ml Kokosmilch
1 Msp Safranfäden
30 ml Zitronensaft
1 EL Nuoc-mâm-Sauce
15 g Palmzucker

In einem großen Topf das Öl bei schwacher Hitze heiß werden lassen, die Fischstücke hineingeben und 5 Min. braten, ohne dass sie Farbe nehmen. Die Aromazutaten hinzufügen und weitere 5 Min. braten lassen, ohne dass die Zutaten Farbe nehmen.

Pastis und das Wasser angießen und einmal aufkochen lassen.

Die Hitze reduzieren, die Bouillon 90 Min. ohne Deckel ganz leicht köcheln lassen, dabei von Zeit zu Zeit mit einem Schaumlöffel kleine Verunreinigungen entfernen.

Alle festen Teile mit einem Schaumlöffel aus der Bouillon heben.

Bouillon ruhen lassen, bis sich evtl. Verunreinigungen am Boden abgesetzt haben. Nun klären Sie die Brühe, indem Sie sie ohne viel Bewegung mit einer Schöpfkelle aus dem Topf holen (damit die Schwebstoffe auf dem Topfboden bleiben) und durch ein Tuch oder feines Sieb passieren. Den allerletzten Rest mit den Schwebstoffen lassen Sie im Topf. Die Bouillon an einem kühlen Ort aufbewahren.

Für die Tom kha gai 500 ml Fischbouillon einmal aufkochen lassen.

In einem großen Topf die Currypaste, Zitronengras, Limettenblätter, Curryblatt und Kurkuma zufügen und bei schwacher Hitze 3 Min. köcheln lassen. Die heiße Fischbouillon angießen und weitere 10 Min. köcheln lassen. Kokosmilch und Safran dazugeben, einmal aufkochen lassen, die Hitze sofort reduzieren und ohne Deckel 20 Min. ganz leicht köcheln lassen.

Vom Herd nehmen und Zitronensaft, Nuoc-mâm-Sauce und Palmzucker hineinrühren.

Alle festen Teile mit einem Schaumlöffel aus der Bouillon heben und dabei gut ausdrücken, um alle Aromastoffe zu extrahieren.

Nun klären Sie die Brühe, indem Sie sie durch ein Tuch oder feines Sieb passieren. Bouillon ruhen lassen, bis sich evtl. Verunreinigungen am Boden abgesetzt haben. Wenn Sie die Bouillon nicht sofort brauchen, an einem kühlen Ort aufbewahren.

Tom kha gai-Geflügelbouillon

Ergibt etwa 800 ml
Vorbereitungszeit 50 Minuten
Kochzeit 2 h 50

GRUNDZUTATEN FÜR DIE GEFLÜGELBOUILLON (ERGIBT ETWA 3 L)

1 Huhn oder Hähnchen, etwa 2 kg schwer
(mit Innereien, bitten Sie Ihren Metzger, das Huhn in grobe Stücke zu zerteilen)
5 l Wasser

AROMAZUTATEN FÜR DIE GEFLÜGELBOUILLON

4 Zitronengrasstengel, der Länge nach halbiert
½ rote Chilischote, entkernt
150 g rosa Champignons, geputzt + gehackt
300 g Karotten, geputzt + gehackt
300 g Zwiebeln, geputzt + gehackt
150 g Lauch, nur das Weiße, geputzt + gehackt
150 g Staudensellerie, geputzt + gehackt
40 g Galgant, geschält + gehackt
6 Knoblauchzehen, geputzt + gehackt
20 ml Olivenöl
1 TL Pfefferkörner
20 g grobes Salz

AROMAZUTATEN FÜR DIE TOM KHA GAI

15 g grüne Currypaste
3 Zitronengrasstengel, feingehackt
4 Limettenblätter, feingehackt
1 Pandanusblatt, feingehackt
1 Curryblatt, feingehackt
20 g Galgant, geschält + gehackt
500 ml Kokosmilch
45 ml Zitronensaft
1 EL Nuoc-mâm-Sauce
15 g Palmzucker

Geben Sie die Hühnerteile in einen großen Suppentopf, das kalte Wasser angießen und zum Kochen bringen. Immer wieder mit einem Schaumlöffel kleine Verunreinigungen entfernen, bis Sie eine klare Brühe haben.

Olivenöl in einen weiten Topf geben und alle Aromazutaten für die Geflügelbouillon (außer Zitronengras, Chilischote sowie Salz und Pfeffer) bei schwacher Hitze darin anschwitzen, ohne dass sie Farbe nehmen.

Mit dem Rest der Aromazutaten in den großen Suppentopf geben, einmal aufkochen lassen, die Hitze reduzieren, die Bouillon 2 Std. ohne Deckel ganz leicht köcheln lassen, dabei von Zeit zu Zeit mit einem Schaumlöffel kleine Verunreinigungen entfernen.

Alle festen Teile mit einem Schaumlöffel aus der Bouillon heben. Bouillon ruhen lassen, bis sich evtl. Verunreinigungen am Boden abgesetzt haben. Nun klären Sie die Brühe, indem Sie sie ohne viel Bewegung mit einer Schöpfkelle aus dem Topf holen (damit die Schwebstoffe auf dem Topfboden bleiben) und durch ein Tuch oder feines Sieb passieren. Den allerletzten Rest mit den Schwebstoffen lassen Sie im Topf. Die Bouillon an einem kühlen Ort aufbewahren.

Für die Tom kha gai 500 ml Geflügelbouillon einmal aufkochen lassen.

Die Currypaste sowie alle feingehackten Zutaten in einen großen Topf geben und bei schwacher Hitze 3 Min. köcheln lassen. Die heiße Geflügelbouillon angießen und weitere 10 Min. bei schwacher Hitze köcheln lassen.

Die Kokosmilch angießen, einmal aufkochen lassen und bei schwacher Hitze 20 Min. sanft köcheln lassen.

Vom Herd nehmen und Zitronensaft, Nuoc-mâm-Sauce und Palmzucker hineinrühren.

Alle festen Teile mit einem Schaumlöffel aus der Bouillon heben und dabei gut ausdrücken, um alle Aromastoffe zu extrahieren.

Nun klären Sie die Brühe, indem Sie sie durch ein Tuch oder feines Sieb passieren. Bouillon ruhen lassen, bis sich evtl. Verunreinigungen am Boden abgesetzt haben. Wenn Sie die Bouillon nicht sofort brauchen, an einem kühlen Ort aufbewahren.

Tom kha gai-Garnelenbouillon

Ergibt etwa 800 ml
Vorbereitungszeit 40–50 Minuten
+ 5 Minuten Ruhezeit
Kochzeit 65 Minuten

GRUNDZUTATEN FÜR DIE GARNELENBOUILLON

1,5 kg Nordseegarnelenköpfe
3 l Wasser

AROMAZUTATEN FÜR DIE GARNELENBOUILLON

½ Pomeranze (Bitterorange), halbiert
4 Zitronengrasstengel, der Länge nach halbiert
½ rote Chilischote, entkernt
150 g Fenchel, geputzt + gehackt
100 g Staudensellerie, geputzt + gehackt
150 g Karotten, geputzt + gehackt
150 g Zwiebeln, geputzt + gehackt
150 g Schalotten, geputzt + gehackt
20 g Kurkuma, geschält + gehackt
6 Knoblauchzehen, geputzt + gehackt
50 ml Olivenöl
6 Kaffirlimetten- oder Zitronenblätter
2 Sternanis
1 TL Timutpfefferkörner (S. 34)

AROMAZUTATEN FÜR DIE TOM KHA GAI

15 g rote Currypaste
3 Zitronengrasstengel
4 Limettenblätter
1 Pandanusblatt
500 ml Kokosmilch
50 ml Zitronensaft
1 EL Nuoc-mâm-Sauce
15 g Palmzucker

Bereiten Sie die Garnelenbouillon zu.

In einem großen Topf das Öl bei schwacher Hitze heiß werden lassen, die Nordseegarnelenköpfe hineingeben und 5 Min. braten, ohne dass sie Farbe nehmen. Die Aromazutaten hinzufügen und weitere 5 Min. braten lassen, ohne dass die Zutaten Farbe nehmen.

Das Wasser angießen und einmal aufkochen lassen.

Die Hitze reduzieren, die Bouillon 45 Min. ohne Deckel ganz leicht köcheln lassen, dabei von Zeit zu Zeit mit einem Schaumlöffel kleine Verunreinigungen entfernen.

Nun klären Sie die Brühe, indem Sie sie durch ein Tuch oder feines Sieb passieren, Bouillon ruhen lassen, bis sich evtl. Verunreinigungen am Boden abgesetzt haben. Wenn Sie die Bouillon nicht sofort brauchen, an einem kühlen Ort aufbewahren.

Für die Tom kha gai die Garnelenbouillon einmal aufkochen lassen.

Currypaste hinzufügen sowie alle gehackten Tom kha gai-Aromazutaten in einen großen Topf geben, und bei schwacher Hitze 3 Min. köcheln lassen.

Die heiße Garnelenbouillon angießen und weitere 10 Min. bei schwacher Hitze köcheln lassen.

Die Kokosmilch angießen, einmal aufkochen lassen, die Hitze sofort reduzieren und ohne Deckel 20 Min. ganz leicht köcheln lassen.

Vom Herd nehmen und Zitronensaft, Nuoc-mâm-Sauce und Palmzucker hineinrühren.

Alle festen Teile mit einem Schaumlöffel aus der Bouillon heben und dabei gut ausdrücken, um alle Aromastoffe zu extrahieren.

Nun klären Sie die Brühe, indem Sie sie durch ein Tuch oder feines Sieb passieren. Bouillon ruhen lassen, bis sich evtl. Verunreinigungen am Boden abgesetzt haben. Die Bouillon abkühlen lassen und bis zur weiteren Verwendung an einem kühlen Ort aufbewahren.

GEWÜRZE

amerikanischen Küche (z. B. für Empanadas) und selbstverständlich zu indischen Currys.

3- Kardamom

Die blassgrünen Kardamomkapseln stammen ursprünglich aus dem indischen Staat Kerala. Im Inneren der Kapsel befinden sich kleine klebrige schwarze Samen. Sie schmecken nach Menthol und berauschendem Ingwer mit einer zitronigen Note. Kardamom darf wegen seines starken Aromas nur in geringen Dosen eingesetzt werden. In der indischen Küche kommt er für Pilafs und Currys zum Einsatz, in der Küche des Nahen Ostens aromatisiert er Gebäck und Pralinen. Bei uns hat er seinen festen Platz als Lebkuchengewürz.

4- Satay-Gewürzmischung

Es gibt viele Variationen dieser Gewürzmischung, die aus Südostasien stammt. So enthält eine Satay-Gewürzmischung im Allgemeinen Erdnüsse, Chili, Sesam, Garnelenpaste, Zucker, Knoblauch und Sonnenblumenöl. Der pikante süß-salzige Geschmack gehört z.B. auch zu den balinesischen Fleischspießen, die dort selbst »Sate« genannt werden. Satay passt aber auch sehr gut zu Meeresfrüchten sowie zu Reis und Nudeln.

5- Fenchelsamen

Die Samen werden aus der Fenchel-Pflanze gewonnen und schon seit der Antike im Mittelmeerraum verwendet. Das anisartige Aroma von Fenchelsamen passt sehr gut zu Fisch, Meeresfrüchten und weißem Fleisch. Sie sind fester Bestandteil der indischen Masala-Gerichte, und nach einer Mahlzeit erfrischen Fenchelsamen den Atem.

6- Safran

Er wird auch »rotes Gold« genannt und ist das teuerste Gewürz der Welt, denn die Ernte ist sehr mühsam. Die Blütenstempel des violett blühenden Safran-Krokus (mit einer Lebensdauer von 48 Std.) werden von Hand gesammelt und dann über Feuer getrocknet. Für ein Kilo frische Fäden werden nicht weniger als 150.000 Blüten gepflückt. Ihr Aroma ist so mächtig, dass es nur sehr wenige Fäden braucht, um einem Gericht den typischen Safrangeschmack (mit Noten von Lorbeer, Lavendel, Honig und Metall) zu verleihen. Safran passt insbesondere gut zu Fischgerichten, aber auch zu Reis, Pasta und Desserts.

7- Tonkabohnen

Sie stammen aus der Karibik und Südamerika, und das Holz des Tonkabohnenbaums, auch Brasilianisches Teakholz genannt, ist sehr begehrt. Das süße Aroma der Tonkabohnen erinnert an Zimt, Vanille und geschnittenes Heu. Die Verwendung der Tonkabohne zur Zubereitung von Lebensmitteln ist in Deutschland nur erlaubt, wenn die zulässigen Höchstwerte für Cumarin, das als Giftstoff gilt, nicht überschritten werden. In der Küche wird die Tonkabohne im Wesentlichen zur Zubereitung von Saucen und Desserts genutzt.

1- Sanshōpfeffer

Dieser japanische »falsche Pfeffer« der auch Bergpfeffer oder Zitronenpfeffer genannt wird, ist der Cousin des chinesischen Szechuanpfeffers. Er hat einen erfrischend fruchtigen Geschmack nach Zitronengras, frischen Zitrusfrüchten und Minze sowie eine leicht pfeffrige Note. In Japan kommt er seit Jahrhunderten besonders bei weißem Fisch, Krustentieren, Bouillons und Nudelsaucen zum Einsatz.

2- Kreuzkümmel

Diese braunen halbmondförmigen Samen gehören seit Jahrtausenden zur orientalischen Küche. Ihr intensiver und unverwechselbarer Geschmack mit ganz leicht pfeffrigen Noten kommt erst zur vollen Entfaltung, wenn der Kreuzkümmel geröstet ist. Er muss sparsam dosiert werden, sonst dominiert er jedes Gericht. Besonders wird er in der nordafrikanischen Küche (insbesondere für Couscous) eingesetzt, aber ebenso gehört er zur zentral-

1- Timutpfeffer

Timut ist ein nepalesischer Pfeffer, der mit dem Szechuanpfeffer verwandt ist. Er hat ein pfeffriges kraftvolles Zitronen- und Grapefruitaroma und wird nur frisch gemörsert verwendet. Er wird manchmal auch Pampelmusenpfeffer genannt. Seine Frische passt hervorragend zu Fisch- und Meeresfrüchten.

2- Kubebenpfeffer

Kubeben- oder Schwanzpfeffer verdankt den Namen seinen Beeren, von denen jede einen kurzen kleinen Stengel hat, der wie ein Schwänzchen aussieht. Piper cubeba kommt hauptsächlich von der Insel Java und aus Sri Lanka. Er wird in sehr geringen Mengen produziert und in Gewürzmischungen wie dem marokkanischen Ras el-Hanout oder Curry verwandt. Sein Aroma ist leicht bitter mit Noten von Nelken.

3- Langer Pfeffer

Der indische Lange Pfeffer, der 2–3 cm lang wird, wächst an den Ausläufern des Himalaya, wo er als eine der wichtigsten Pflanzen des Ayurveda gilt. Er ist ebenso scharf wie schwarzer Pfeffer, jedoch süsslicher. Er ist schwer zu mahlen und wird für Fleischmarinaden und besonders gern für Desserts verwandt.

4- Selim- oder Senegalpfeffer

Dieser »falsche Pfeffer« wächst in Schwarzafrika in Form von schmalen langen Bohnen, in denen sich kleine schwarze Samen verstecken. Auch bekannt als Kani-Pfeffer, weisen die mäßig scharfen Samen würzige Aromen von Kubebenpfeffer mit Noten von Muskat auf. In Senegal wird er auch gern mit Kaffeebohnen gemischt (der sog. Touba-Café), dieser Pfeffer gibt herbstlichen Gerichten sowie eingelegten Pickles eine schöne Würze.

JAPANISCHE GEWÜRZE

1- Yuzupulver

Yuzu ist eine ursprünglich aus China stammende Zitrusfrucht, die einer kleinen Pampelmuse mit unregelmäßiger Schale ähnelt. Die hauptsächlich in Japan und Korea angebaute Frucht entfaltet, wenn sie reif ist, ein Mandarinenaroma mit einer feinen Säure. Ihr Saft und ihre Schale werden oft zum Würzen sowohl pikanter als auch süßer Gerichte benutzt. Die Puderversion wird durch die Gefriertrocknung des Safts oder der Schale gewonnen.

2- Pflaumen-Ochazuke

Dieses Gewürz wird über eine mit heißem Wasser oder Tee bedeckte Reisschüssel gestäubt. Es vereint den salzigen und leicht säuerlichen Geschmack der sog. japanischen Pflaume (Umeboshi), den Jod-Duft von Algen und das Knusprige von Puffreis. Seinen Namen – *ocha* heißt Tee und *zuke* wässern – hat das trockene Pulver von den Zutaten, die die Japaner benutzten, wenn sie einen Rest Reis verfeinern wollten.

3- Geröstete Sesamsamen

Sesamsamen kommen von einer ursprünglich in Afrika beheimateten Ölpflanze. Sie können weiß, braun oder schwarz sein und haben einen umso stärkeren Geschmack, je dunkler sie sind. Die gerösteten Samen, die in Asien sehr beliebt sind, duften nussartig und haben einen für die Küche wie für Süßwaren geeigneten Krokantgeschmack.

4- Gerösteter Buchweizen

Die gerösteten Körner des aus Asien stammenden Buchweizens sind bei den Slawen, die sie »Kascha« nennen, sehr beliebt. In China und Japan werden sie mit heißem Wasser aufgegossen und entfalten so ihren nussigen Röstgeschmack. Sie dienen oft auch als Topping, das Gerichten einen knusprigen Geschmack verleiht.

5- Misopaste mit Yuzu

Diese helle Misopaste wird aus weißem Reis und Soja hergestellt. Ihre cremige Textur und ihr sehr süßer Geschmack, der sich mit dem von Yuzu verbindet, machen sie zu einem eleganten aromareichen Gewürz.

6- Kaki no tane

Kaki no tane sind ein Mix aus Erdnüssen und kleinen Reiscrackern, deren Form an die Samen der Kaki-Frucht, der Nationalfrucht Japans, erinnert. Diese kleinen Reiscracker werden mit einer Mischung von Sojasauce, Zucker, Bonito-Flocken und Chili hergestellt.

7- Noripulver

Nori steht für verschiedene genießbare Rotalgen, die sehr viel gegessen werden. Getrocknet und geröstet wird Nori grün oder schwarz. Seit Jahrhunderten in Japan angebaut, verfeinert Nori mit seinen Pilz- und Nussaromen die japanischen Spezialitäten. Als Geschmacksverstärker wird er auch zur Verfeinerung von Suppen, Reis und Nudeln gebraucht. In feinen Flocken wird er über Fisch und Salate gestreut.

8- Sanshōpulver

Dieses auch »falscher Pfeffer«, »Bergpfeffer« oder »Zitronenpfeffer« genannte Gewürz wird in der Tat aus einer Zitrusfrucht hergestellt. Ähnlich wie der verwandte chinesische Szechuanpfeffer weist diese Beere den Duft von Zitronengras, Minze und Zitrusfrüchten mit einer etwas schärferen Spitze auf. Ihr frisches und kräftiges Aroma macht sie zu einem raffinierten Gewürz, das in Japan seit Jahrhunderten benutzt wird.

スパイスの郷
柚子粉末（粗め）
TOSA

1

小槌
梅 お茶漬け

賞味期限16.6.10

2

鹿北製油
麦火焙煎
塩ペッタリごま
有機
白

PP
4981816131158

3

国産
そば茶
150
いきいき生活パートナーとなろう家から
出雲
茶三代一

4

府中味噌
簡単・便利・おいしい
柚みそ
金光の府中味噌で。
いつもの食材に
ご工夫

5

小槌
あられ

6

ここからお切りください
開閉自由 チャック
本物の風味を守るため外から見えない特殊包装
青のり粉
四国産青のり
株式会社 向井珍味堂

7

スパイスの郷
TOSA
しびれる山椒
（特上撰）

8

9

9- Yuzuschalenpaste

Eine leckere Zubereitungsart von Yuzu, bei der Zucker den subtilen Duft dieser Zitrusfrucht verstärkt. Die Süße überdeckt jedoch nicht die Säure, und am Ende entfaltet sich sogar eine leicht bittere Note.

10- Noripaste mit Wasabi

Hergestellt aus gebeizten Nori-Algen, Sojasauce und Wasabi, dient dieses Gewürz der Verfeinerung von Gerichten, indem es ihnen eine angenehme nur wenig scharfe Note von Jod verleiht.

11- Japanischer Frühlings- zwiebelessig

In japanischen Gewürzhandlungen wimmelt es nur so von gebrauchsfertigen Essigzubereitungen. Diese bringt eine Frühlingszwiebelsorte aus der Gegend von Kyoto zur Geltung, die an besonders zarten Lauch erinnert, mit viskosen inneren Blättern, die am Gaumen süß schmecken. Die mit Sojasauce, Rapsöl und einem Schuss Essig hergestellte Soße würzt auf feine Weise Salate, Gemüse und Nudeln.

12- Japanischer Bonito- und Kombuessig

Unter den zahllosen japanischen Essigsorten fällt diese dadurch auf, dass sie kein Öl enthält. Sie schmeckt nach Bonitofisch und Kombu-Tang, lässt dabei aber die Säure des Essigs und Zitrusnoten durchscheinen. Sesamsamen und Kräuter erhöhen die Verweildauer des Geschmacks im Mund.

13- Misopaste

Miso ist eine fermentierte eiweißreiche Paste, die aus Sojabohnen, Reis oder Gerste, Meersalz und Wasser gewonnen wird. Da die Paste relativ salzig ist, wird sie besonders als Würzmittel für Suppen und Saucen genutzt. Je nach Sorte variiert die Farbe von hellgelb bis dunkelbraun. Es gibt viele Sorten, doch die weiße gilt als die feinste. Sie ist sehr cremig, weniger salzig als die anderen und hat einen fast süßen milden Geschmack.

14- Wasabi

Der Name Wasabi bezieht sich sowohl auf eine Pflanze als auch auf die aus ihrer Wurzel gewonnene Würze. Diese in Japan beheimatete Art der Familie der Kreuzblütler (zu der auch Kohl gehört) gedeiht am feuchten Rand fließender Gewässer. In Japan werden nicht nur die Wurzel, sondern auch die Stiele, Blätter und Blüten von Wasabi gegessen. Er wird oft mit Senf und Meerrettich verglichen, wegen seines Dufts, der »in die Nase steigt«. Mit Wasabi werden Sushi, Sashimi, Nudeln und Saucen gewürzt. In Europa, in asiatischen Lebensmittelgeschäften, bekommt man Wasabi als fertige Paste oder als Pulver, das noch mit Wasser angerührt werden muss.

1- Ponzusauce

Diese in Japan weit verbreitete Würzsauce besteht aus dem Saft von Zitrusfrüchten (Yuzu, Sudachi, Daidai ...) auf einer Basis von mit Dashi und Mirin verfeinerter Sojasauce. Ihr frischer und nachhaltiger Geschmack passt gut zu Gemüse sowie zu rohem oder gegrilltem Fleisch oder Fisch.

2- Tosazusauce

Dieser leicht nach Geräuchertem schmeckende japanische Essig besteht aus Sojasauce und Reisessig, Dashi und süßem Sake. Sein Geschmack passt sehr gut zu rohem oder gekochtem Gemüse, oder auch zu Fisch und Schalentieren.

3- Panko – japanisches Paniermehl

Diese für Frittiertes in Japan typische Panade besteht aus großen Brotflocken. Sie ist meist weiß, weil sie aus Brot ohne Kruste hergestellt wird; mit Kruste hergestelltes Panko ist eher goldfarben. Da die einzelnen Krumen größer sind als bei europäischem Paniermehl, nimmt es beim Fritieren weniger Öl an, und das Resultat ist luftiger und knuspriger.

4- Bonitoflocken (Katsuobushi)

Katsuobushi ist neben der Kombu-Alge der wichtigste Bestandteil von Dashi. Es wird aus den Filets eines Vetters des Thunfischs hergestellt. Diese werden zuerst getrocknet und geräuchert; dann lässt man sie fermentieren, bis sie hart wie ein Holzscheit sind. Am Ende werden sie von ihrer dünnen Schimmelhaut befreit und mit einer Art Hobel zu fast durchsichtigen rotbraunen Flocken geschabt. Wenn diese Geschmackskonzentrate über ein heißes Gericht gestreut werden, beginnen sie regelrecht zu tanzen. Sie sind eine delikate Würze für Reis oder Sobanudeln und kalten Tofu.

5- Mostarda di Cremona

Es handelt sich um Senffrüchte, eine norditalienische Spezialität. Meistens werden dazu Orangen, Birnen, Kumquats und Aprikosen verarbeitet. Die Mostarda di Cremona herzustellen ist sehr aufwendig. Der Mostardasirup ist eine Mischung aus Läuterzucker und Senföl, und der Geschmack ist gleichzeitig süß und scharf. Traditionell wurde diese Spezialität hergestellt, um die Früchte haltbar zu machen. Heute gelten sie als Luxusbeilage und werden gern zu gekochtem Fleisch, Aufschnitt und Käse gegessen.

6- Yuzukoshōpaste rot und grün

Es handelt sich um eine fermentierte Würzpaste aus roten und grünen Pfefferschoten, Yuzuschale und Salz. In Japan wird sie zum Verfeinern von Misosuppen genutzt und zu Sashimi, gekochtem Fleisch, und zu Nabe, dem japanischen Eintopf, gereicht. Die grüne Paste hat ein schärferes Pfefferschoten-Aroma.

7- Harissa

Diese Würze gilt als die tunesische Nationalsauce, ist aber auch im übrigen Maghreb verbreitet. Sie wird hergestellt aus gemörsertem Kumin, Koriander, echtem Kümmel und getrocknetem Chili. Mit Harissa werden Gerichte wie Couscous, aber auch Sandwiches verfeinert.

8- Sojasauce für Nudeln

Diese japanische Sojasauce ist weniger kräftig als die traditionell zubereitete. Bei ihr ist die Sojasauce mit Sake, Mirin, Shiitakebouillon und jodierten Aromen aus Kombu, Bonito und getrockneten Anchovis verfeinert.

GETROCKNETE BLÜTEN

Am Ende des Sommers haben die aromatischen Pflanzen weniger Blätter als zuvor, doch nun entwickeln sie ihre Blüten. Der Duft dieser Blüten wird durch Trocknen noch verstärkt, während die Blätter beim Trocknen Aroma verlieren.

1- **Die Blüten von Genoveser-Basilikum** strömen einen intensiven aromatischen Duft aus, der an das berühmte Pesto erinnert, das aus seinen frischen Blättern gemacht wird. Man gibt die Blüten in eine heiße Flüssigkeit, etwa eine Sauce, oder streut sie auf Schafskäse.

2- **Die Blüten von Zitronenbasilikum** entwickeln einen ähnlichen Geschmack wie Zitronenmelisse, der gut zu einer Vinaigrette, zu Fisch und weißem Fleisch passt.

3- **Die Blüten von Zimtbasilikum** erinnern an den Duft von Zimtrinde und Gewürznelken. Ein idealer intensiver Geschmack für Ziegenkäse und rotes Fleisch.

4- **Oreganoblüten** aromatisieren aufs Angenehmste Pizzas, Tomatensaucen, Oliven und kräftiges Fleisch.

ALGENSORTEN

1- Gesalzener Nori mit Sesam

Keine Algen werden weltweit mehr gegessen als die für Nori genutzten Rotalgensorten. Getrocknet und geröstet wird Nori grün oder schwarz. Seit Jahrhunderten in Japan kultiviert, gehört er zu Spezialitäten wie *Maki*, *Futomaki*, *Furikake* u.a. Als Geschmacksverstärker wird Nori in Suppen, Reis und Nudeln genutzt. In Korea wird er gesalzen und mit Sesam als Chips gegessen!

2- Aosa-Algen

Diese Algen, die auch Meersalat genannt werden, ähneln im Naturzustand tatsächlich langen, feinen und durchscheinenden Salatblättern. Ihr leicht säuerlicher Geschmack erinnert an Sauerampfer. Die dehydrierte Alge duftet stark, sobald sie wieder mit Wasser in Berührung kommt. Aosa-Algen können roh und gekocht gegessen werden. Als Flocken oder Puder sind sie eine hervorragende Würze.

3- Kombu-Algen

Dieser Seetang der Familie Laminaria ist neben Bonitoflocken die Hauptzutat zu Dashi und wird entsprechend viel konsumiert, in Japan, aber auch in China und Korea. Frisch hat Kombu eine fleischige knackige Textur. Oft wird er getrocknet genutzt und entwickelt einen intensiven Umami-Geschmack mit Noten von Meerluft und Rauch. Übrigens verkürzt Kombu die Kochzeit von Hülsenfrüchten und macht sie besser verdaulich.

4- Noripaste

Diese aus eingekochten Nori-Algen und Sojasauce hergestellte Würzpaste verfeinert viele Gerichte, indem sie ihnen eine schöne Note von Jod in Verbindung mit süß und salzig verleiht.

1- Kaffirlimette

Diese mit einem Durchmesser von nur 5–6 cm recht kleine runde smaragdfarbene Frucht mit ihrer runzligen Schale stammt von einer indonesischen Insel. Ihr Aroma erinnert an Zitronengras, und die Blätter wie die Zesten dieser Zitrusfrucht verfeinern traditionell zahlreiche südostasiatische Gerichte. Auch die westliche Patisserie räumt ihr heute einen Ehrenplatz ein.

2- Zitronatzitrone

Die Zitronatzitrone ist eine der größten Zitrusfrüchte. Sie erreicht einen Durchmesser von 30 cm und wiegt bis zu 3 kg. Diese ovale dickschalige und schrumpelige Frucht wird auch Zedratzitrone genannt, hat aber biologisch nichts mit Zedern zu tun. Sie kommt aus Asien und ist als eine der ersten Zitrusfrüchte in Europa heimisch geworden. Sie wird vor allem in China, Marokko und Italien angebaut. Die Albedo (die weiße Haut unter der Zeste) ist bei ihr stark entwickelt, während das Fruchtfleisch zurückgebildet und wenig saftig ist, dafür aber viele Kerne enthält … Die Zitronatzitrone ist keine Frucht, die man als Obst verspeist. Dafür aber ist die rohe Albedo essbar, und der süß-bittere Duft der Schale betört Konditoren und Parfumeure.

3- Süße Limette

Diese in Frankreich auch als tunesische Bergamotte oder süße Zitrone bekannte Frucht schmeckt überhaupt nicht sauer. Charakteristisch ist für sie der frische süße Geschmack mit einer kleinen Bergamotte-Note. Die Tunesier essen die nur selten exportierte leicht zu pellende Frucht wie eine Clementine.

4- Meyer-Zitrone

Bei dieser aus China stammenden Frucht handelt es sich um eine Kreuzung von Orange und Mandarine. Ein gewisser Herr Meyer hat sie in Amerika eingeführt. Die in Kalifornien sehr geschätzte Meyer-Zitrone wird bei ihrer Reife orangefarben. Bei früher Ernte hat sie viel Säure; während der Reifung entwickelt sie den süßen Geschmack einer Mandarine. Die Meyer-Zitrone wird ebenso wegen ihres Fruchtfleischs als auch wegen ihrer Schale geschätzt.

5- Bergamotte

Die Bergamotte ist eine Kreuzung aus Bitterorange und Zitrone; von der ersten hat sie ihre runde Form, von der letzteren ihre gelbe Farbe. Sie stammt aus Kalabrien und wird vor allem wegen ihrer Duftstoffe geschätzt. Das feste Fruchtfleisch schmeckt bitter und säuerlich, und aus der sehr aromatischen Schale wird Bergamotte-Öl gewonnen, das man ebenso im Earl-Grey-Tee findet als auch in Parfums wie Eau de Cologne.

6- Große Limette

Diese Frucht ist das Ergebnis einer unkontrollierten Selbstaussaat in einer Baumschule in den Pyrenäen. Sie fühlt sich weich, beinahe schwammig, an und ist hervorragend für Konfitüren geeignet. Wenn sie sehr reif ist, verliert sie ihre Säure und entwickelt stattdessen sehr viel Süße.

7- Yuzu

Diese aus China stammende Zitrusfrucht, die einer kleinen Pampelmuse mit unregelmäßiger Schale ähnelt, wird vor allem in Japan und Korea kultiviert. Je nach Reifegrad ist sie grün bis gelb, und die junge Frucht hat ein Kräuteraroma, während bei der reifen ein Mandarinengeschmack und eine feine Säure vorherrschen.

Basilikum, diese aromatische Gewürzpflanze, gibt es in über 150 Varietäten. Es ist in der Küche der Provence, Italiens und Chinas tief verwurzelt. Um sein Aroma zur Geltung kommen zu lassen, sollte man es am besten roh genießen.

Marseiller-Basilikum

Diese sehr aromatische alte provenzalische Sorte, die entscheidende Zutat der berühmten provenzalischen Gemüsesuppe, schmeckt nach Estragon mit einem Hauch Zitrone.

Thai-Basilikum

Dieses Basilikum, dessen grüne Blätter von purpurnen Adern durchzogen sind, entfaltet einen sehr kräftigen Geschmack, vor allem nach Anis, aber auch mit einem Einschlag von Nelken.

Feines grünes italienisches Basilikum

Diese Sorte schmeckt nach Blumen und Kräutern und ist wenig scharf, mit einer bitteren Note beim Abgang.

Die Blüten von Genoveser-Basilikum

Aus diesem sehr aromatischen ligurischen Basilikum wird das berühmte *Pesto genovese* hergestellt. Es duftet intensiv nach ganz frischem Gemüse. Es ähnelt äußerlich und dem Geschmack nach der Marseiller Sorte, ist aber etwas bitterer. Seit 2005 ist Genoveser-Basilikum eine geschützte Herkunftsbezeichnung.

Purpur-Basilikum Osmin

Der feine Geschmack seiner gezähnten purpurfarbenen Blätter erinnert an Zimt und ist beim Abgang etwas bitter. Diese Basilikumsorte schmeckt weniger frisch als die übrigen.

FRISCHE KRÄUTER

1- Minze

Diese zweijährige Pflanze mit ihren erfrischenden Blättern kommt in 70 verschiedenen Arten vor, von denen die grüne Minze die verbreitetste ist. Während alle Pflanzen ein Mentholaroma besitzen, haben manche einen kräftigeren oder säuerlicheren Geschmack. Und Schokoladenminze schmeckt tatsächlich wie After Eight.

2- Melisse

Diese aus dem Mittelmeerraum stammende Pflanze hat neben einer feinen Mentholfrische einen charakteristischen zitronigen Geschmack, weshalb sie auch Zitronenmelisse genannt wird. Mit Melisse lassen sich sowohl pikante als auch süße Gerichte verfeinern.

3- Knoblauchgras

Die fast flachen langen Blätter dieser Pflanze, die auch chinesischer Schnittlauch genannt wird, enden in Dolden von sternförmigen Blüten. Blätter wie Blüten werden im fernen Osten insgesamt verzehrt. Knoblauchgras wird wegen seines stark knoblauchartigen Pflanzengeschmacks geschätzt.

4- Bronzefenchel

Die aromatische zweijährige Pflanze besteht aus ganz feinen Ästchen und dunkel-bronzefarbenen Blättern, die einen Anisgeschmack verbreiten, der Wunder wirkt bei Bouillons, Saucen und Fisch.

5- Wilder Fenchel

Diese aromatische nach Anis schmeckende Pflanze, die man nicht mit Anis verwechseln darf, ist im Mittelmeerraum weit verbreitet. Von der Zwiebel über Stängel und Blätter bis zu den Samen ist alles am Fenchel essbar, roh wie gekocht.

6- Wilder Ampfer

Man erkennt den wilden Ampfer an seinen lanzettförmigen Blättern. Er entwickelt einen weit säuerlicheren Geschmack als seine Kulturform. Er ist ebensogut gekocht genießbar wie roh und dient zum Verfeinern von Salaten.

7- Salbei

Im Mittelalter galten die flauschigen länglichen Blätter des Salbei als Heilmittel, das bei Verdauungsproblemen und zur Wundheilung eingesetzt wurde. Die purpurne Sorte entwickelt einen deutlich stärkeren Kampfer-Geschmack als die helle.

8- Borretschblüten

Diese Blüten sind in Trauben zusammenstehende blaue Sterne. Sie haben einen jodartigen Geschmack, der an Austern denken lässt; die Blätter haben dagegen eher die Frische einer Gurke. Eine seltene Varietät hat einen weißen Blütenstand.

9- Korianderblüten

Vom Koriander werden alle Teile in der Küche genutzt: Stängel, Blätter, Samen und Blüten. Diese bilden Dolden und schmecken frisch und delikat.

10- Thymianblüten

Die Blüten des im Mittelmeerraum beheimateten Thymian, einer sehr aromatischen Pflanze, haben eine Farbe, die zwischen rosa und blassviolett changiert. Thymian gehört zwingend zu einem Kräutersträußchen, und sein kräftiger Duft intensiviert sich noch zur Blütezeit.

11- Fenchelblüten

Diese zu Dolden vereinigten kleinen gelben Blüten strömen einen anisartigen Duft aus, ebenso wie die Samen, die nach der Blütezeit aus ihnen hervorgehen.

12- Rucolablüten

Die cremefarbenen, violett geäderten kreuzförmigen Rucolablüten verbinden den leicht scharfen Geschmack der Blätter mit einem Hauch der Süße ihres Nektars.

13- Mizunablüten

Mizuna kommt aus Asien und gehört zur Kohlfamilie. Seine sehr tief eingeschnittenen Blätter schmecken frisch und etwas bitter. Sie werden roh als Salat oder wie Spinat gekocht gegessen. Auch die gelben Blüten sind essbar; sie schmecken leicht süßlich wegen des Nektars.

1- Kaffirlimettenbutter

250 g weiche Süßrahmbutter
3 Kaffirlimetten oder 3 Limetten

Die Schale der Limetten mit einer Mikroreibe in eine große Schüssel reiben. Die Butter mit einem Spatel sorgfältig mit der Schale vermengen. Die Masse auf ein Blatt Pergamentpapier geben und zu einer Rolle formen. Im Gefrierschrank mind. 1 Stunde aushärten lassen. Scheibchenweise für die jeweiligen Rezepte verwenden.

2- Yuzubutter mit Olivenöl

250 g weiche Süßrahmbutter
Schale von 1 (vorzugsweise frischen o. getrockneten o. tiefgefrorenen) Yuzu oder Meyer-Zitrone
30 ml Olivenöl

Die Schale und die Butter in einer großen Schüssel sorgfältig mit einem Spatel vermengen, dann das Olivenöl einarbeiten. Die Masse auf ein Blatt Pergamentpapier geben und zu einer Rolle formen. Im Gefrierschrank mind. 1 Stunde aushärten lassen. Scheibchenweise für die jeweiligen Rezepte verwenden.

3- Algenbutter

250 g leicht gesalzene weiche Butter
60 g getrocknete Algenflocken

Die Algenflocken und die Butter in einer großen Schüssel sorgfältig mit einem Spatel vermengen. Die Masse auf ein Blatt Pergamentpapier geben und zu einer Rolle formen. Im Gefrierschrank mind. 1 Stunde aushärten lassen. Scheibchenweise für die jeweiligen Rezepte verwenden.

4- Yuzukoshōbutter

250 g weiche Süßrahmbutter
1 EL rote oder grüne Yuzukoshōpaste (S. 40)

Die Yuzukoshōpaste und die Butter in einer großen Schüssel sorgfältig mit einem Spatel vermengen. Die Masse auf ein Blatt Pergamentpapier geben und zu einer Rolle formen. Im Gefrierschrank mind. 1 Stunde aushärten lassen. Scheibchenweise für die jeweiligen Rezepte verwenden.

5- Würzige Pfefferbutter

250 g weiche Süßrahmbutter
½ TL Langer Pfeffer (S. 34)
½ TL gemahlener Timutpfeffer
1 TL Garam masala
1 TL Fleur de sel

Den Langen Pfeffer mit einer Mikroreibe in eine große Schüssel reiben, den gemahlenen Pfeffer und die restlichen Gewürze dazugeben und sorgfältig mit einem Spatel mit der Butter vermengen. Die Masse auf ein Blatt Pergamentpapier geben und zu einer Rolle formen. Im Gefrierschrank mind. 1 Stunde aushärten lassen. Scheibchenweise für die jeweiligen Rezepte verwenden.

Diese unterschiedlich gewürzten Butterrollen halten sich sehr gut etwa einen Monat lang im Gefrierschrank, jeweils in Pergamentpapier eingeschlagen und in Klarsichtfolie eingerollt. Es empfiehlt sich, immer gleich zwei Buttersorten auf einmal vorzubereiten.

KÄSESORTEN

1- Pecorino

In Italien ist Pecorino eine Herkunftsbezeichnung für aus Schafsmilch (Schaf auf Italienisch heißt pecora) hergestellten Käse. Während schon seit der Antike die römische Campagna die wichtigste Erzeugerregion ist, haben andere, wie Sardinien und die Toskana, ihre eigenen Sorten entwickelt. Unter einer dünnen Kruste findet sich die eigentliche Masse, die 8 bis 12 Monate reift. Sie ist würzig, salzig, fruchtig und härtet im Laufe der Reifung aus. Geriebener Pecorino wird für viele italienische Gerichte wie Pasta und Risotto verwendet.

2- Cantal

Zu den ältesten Käsesorten aus Frankreich gehört der auch Fourme du Cantal genannte Cantal. Die Rohmasse wird ausschließlich aus Kuhmilch hergestellt und roh gepresst. Der Cantal kommt aus dem gleichnamigen Departement und einigen Kommunen der angrenzenden Departements im Zentralmassiv. »Jung« wird er nach einer Reifung von ein bis zwei Monaten, »mittel« nach 3–6 Monaten, und »alt« danach genannt. Zu Beginn der Reifezeit hat die elfenbeinfarbene Masse einen sehr süßen Milchgeschmack mit einem leichten Haselnussaroma. Dann entstehen unter einer goldfarbenen unregelmäßigen Kruste allmählich Butteraromen mit pflanzlichen Noten. Jenseits von 6 Monaten entwickelt die dunkelgelb gewordene Masse ein fruchtiges und würziges Aroma, das ein bisschen an Fleisch erinnert.

3- Alter Mimolette

Dieser harte Kuhmilchkäse kommt aus dem Norden Frankreichs. Im 17. Jahrhundert, als das Land sich im Krieg gegen die Niederlande befand, verbot Colbert den Import von holländischem Käse und förderte die flämischen Bauern Nordfrankreichs, wenn sie eine französische Version des Edamer erzeugten. Während die Kruste des letzteren aus Paraffin besteht, hat der Mimolette eine harte Kruste, die das Produkt von Milben ist. Eine weitere Besonderheit dieser französischen Spezialität ist seine orange Farbe, die von dem karotinreichen Annatto-Farbstoff herrührt. Junger Mimolette schmeckt süß und leicht nussig. Ab dem zwölften Monat der Reifung sprechen wir von »alt«. Dann ist der Käse spröde, schmeckt würzig und intensiv fruchtig.

4- Manchego

Dieser bekannte spanische roh gepresste Käse ist leicht pikant und salzig. Er wird aus der Schafsmilch der Rasse Manchega hergestellt, die auf den Hochebenen der Mancha gezüchtet werden. Charakteristisch für ihn ist die Kruste, die noch den Abdruck der Form zeigt. Jung hat er noch den leicht säuerlichen Geschmack der Schafsmilch. Im Lauf der Reifung wird die gelbe Kruste dunkelbraun, während der Käse ein Geschmacksbukett entfaltet, das lange im Mund verweilt.

5- Korsischer Tomme

Dieser mind. 3 Monate gereifte Rohmilchkäse schmeckt dezent nach Ziege oder Schaf, je nach der benutzten Milch. Seine milchig-nussigen Aromen lassen an einen baskischen Ossau-Iraty denken, der in die trockenen Bergweiden Korsikas ausgewandert ist.

6- Brocciu

Hergestellt aus der Molke von korsischen Schafen und /oder Ziegen, ist der Brocciu eine Spezialität dieser schönen Insel. 11 Liter Milch werden benötigt, um 1 kg dieses Käses zu erhalten, der von Oktober bis Juni hergestellt wird. Normalerweise frisch gegessen, hat der Brocciu einen milden Geschmack, der dem des italienischen Ricotta ähnelt. Es gibt auch eine verfeinerte Version: den Brocciu passu. Dieser Käse wird heiß oder kalt sowohl für süße als auch für salzige Gerichte verwandt, insbesondere für Pasta.

1- Thunfisch-Bresaola

Während die traditionelle Bresaola, eine lombardische Spezialität, aus Rindfleisch hergestellt wird, kommt die Thunfisch-Bresaola aus Sizilien. Die Filets des roten Thunfischs, die sich auf beiden Seiten der Mittelgräte befinden, werden zunächst für 48 Std. in Salz getrocknet, um ihnen möglichst alle Feuchtigkeit zu nehmen. Danach werden sie an der Luft aufgehängt, bis sie eine weiche Konsistenz annehmen. Diese beinahe cremige Textur, zusammen mit dem intensiven Geschmack, der an das Meer erinnert, macht diesen Aufschnitt einzigartig.

2- Chorizo

Das aktuelle Rezept für diese Wurst aus Spanien stammt aus dem 16. Jahrhundert. Schweinefleisch oder Schweine- und Rindfleisch gemischt wird mit Knoblauch, Salz, Cayennepfeffer, und geräucherter Gemüsepaprika gewürzt, die wesentlich für Farbe und Geschmack verantwortlich ist. Während der Reifezeit wird die Chorizo getrocknet, damit sich ihre Aromen entfalten. Es ist vor allem die Qualität des Fleisches, die sie zu etwas Besonderem macht. So kann eine Chorizo von einem mit Eicheln gefütterten Schwein der Rasse Iberico unendlich viel reicher schmecken als eine von einem Hausschwein, das mit Fertigfutter gemästet wird.

3- Lardo di Colonnata

Dieser fette Speck aus Italien gilt als der beste der Welt. Er wird in der Nähe von Carrara in der Toskana produziert. Dank seiner Herstellungsweise hat er einen außergewöhnlichen Aromareichtum. Das nach der Schlachtung frisch vom Rücken des Schweins genomme Schmalz wird in Rechtecke geschnitten, mit Salz bedeckt und in einem Marmorbecken, dessen Wände zuvor mit Knoblauch bestrichen worden sind, gelagert. Zwischen jede Speckschicht kommt eine Mischung aus Salz, Pfeffer, Kräutern und Gewürzen, bis das Gefäß voll ist. Der Speck ruht dann während einer Reifezeit von mindestens 6 Monaten, in denen er intensive und komplexe Aromen entwickelt. Seine Produktion findet von September bis Mai statt und nutzt das lokale Mikroklima, dank dessen die Luftfeuchtigkeit in den Marmorbecken kondensiert und das Salz in Salzlake verwandelt.

4- Anchovis

Diese kleinen silbernen Verwandten des Herings werden in Europa seit dem Mittelalter verzehrt. In Europa sind Frankreich und Spanien die Länder, von denen aus die Anchovis gefangen werden. Die Fische laichen im Mittelmeer wie im Ozean und leben in Schwärmen, vor allem in der Nähe der Küste und der Flussmündungen.

5- Sobrasada de Mallorca

Diese Spezialität der Balearen besteht aus fein zerkleinertem mageren Fleisch und fettem Speck, vermengt mit Salz, aromatischen Kräutern und vor allem geräuchertem Chilipulver, das dem rohen Aufschnitt seinen charakteristischen Geschmack nach Rauch und Paprika sowie seine Farbe verleiht. Diese Masse wird in Schweinedarm gefüllt und bis zu zwei Jahre lang getrocknet.

6- Bottarga oder Poutargue

Bei dieser schon in der Antike geschätzten salzigen Leckerei handelt es sich um den Rogen einer Meeräschenart, der gesalzen, getrocknet und zu einer Art platter Wurst verarbeitet wird. Diese »Wurst« wird dann mit Wachs verschlossen, um sie zu konservieren und ihre Reifung zu unterbrechen. Dank ihres starken Geschmacks nach Meer und Fisch ist die Bottarga, gerieben oder in dünnen Scheiben, eine ideale Pastawürze. Leider sind Meeräschen selten geworden, und entsprechend ist diese Spezialität des Mittelmeerraums ein Luxusartikel geworden.

1- Würziges Buchweizen-Crumble

150 g Buchweizenmehl
30 g Rohzucker
100 g Mandelmehl
100 g leicht gesalzene weiche Butter
50 g Sataypulver

Den Backofen auf 180 °C vorheizen. Das Buchweizenmehl in einer großen Schüssel mit dem Rohzucker und Mandelmehl vermengen. Die Butter in kleinen Stücken mit den Fingerspitzen in die trockene Masse einarbeiten. Das Sataypulver in einer beschichteten Pfanne bei schwacher Hitze 1 Min. rösten, damit es seine Aromen besser abgeben kann und mit der Buttermasse vermengen. Die Masse auf ein mit Backpapier ausgelegtes Backblech oder auf eine Silikon-Backmatte verteilen, und 15–20 Min. backen, bis sie eine schöne goldbraune Farbe hat, dabei regelmäßig rühren. Das Crumble abkühlen lassen und in einem luftdichten Behälter lagern.

2- Panko geröstet

250 g Panko (japanisches Paniermehl S. 40)
50 g leicht gesalzene Butter, geklärt
1 Knoblauchzehe, halbiert
½ Zitronengrasstengel
2 g gemahlener Timutpfeffer und Langer Pfeffer (S. 34)

Die geklärte Butter in einer großen beschichteten Pfanne bei schwacher Hitze mit der halbierten Knoblauchzehe und dem Zitronengrasstengel erhitzen, bis es duftet. Das Pankomehl hineinrühren, bis es eine ziemlich homogene blonde Farbe hat. Vom Feuer nehmen, den gemahlenen Pfeffer hinzufügen und gut unterrühren, damit sich die Aromen entfalten können. Kippen Sie die Masse auf eine mit Pergamentpapier ausgelegte Platte. Knoblauch und Zitronengras entfernen und auskühlen lassen. In einem luftdichten Behälter lagern.

3- Karamellisierte würzige Cashewnüsse

250 g Cashewnüsse
1 l Traubenkernöl
50 g Sataypulver
50 g Zucker

Das Öl in einem hohen Topf auf 180 °C erhitzen, und die Cashewnüsse darin 1–2 Min. frittieren, bis sie eine schöne braune Farbe nehmen. Aus dem Öl heben und auf Küchenpapier abtropfen lassen. Die Nüsse mit einem großen Messer oder einer Küchenrolle grob zerkleinern. Das Sataypulver in einer beschichteten Pfanne bei schwacher Hitze 1 Min. rösten, damit es seine Aromen besser abgeben kann. Den Zucker hinzufügen und beides mit einem Holzspatel sorgfältig vermengen und bei schwacher Hitze 1 Min. erhitzen. Die Cashewnüsse hinzugeben und unter ständigem Rühren in 2–3 Min. schön karamellisieren lassen. Die Masse auf ein Backblech kippen und abkühlen lassen. Mit einer Gabel auflockern und in einem luftdichten Behälter lagern.

4- Karamellisierte würzige Pekannüsse

250 g Pekannüsse
1 l Traubenkernöl
50 g Sataypulver
50 g Zucker

Das Öl in einem hohen Topf auf 180 °C erhitzen, und die Pekannüsse darin 1–2 Min. frittieren, bis sie eine schöne braune Farbe nehmen. Aus dem Öl heben und auf Küchenpapier abtropfen lassen. Die Nüsse mit einem großen Messer oder einer Küchenrolle grob zerkleinern. Das Sataypulver in einer beschichteten Pfanne bei schwacher Hitze 1 Min. rösten, damit es seine Aromen besser abgeben kann. Den Zucker hinzufügen und beides mit einem Holzspatel sorgfältig vermengen

und bei schwacher Hitze 1 Min. erhitzen. Die Pekannüsse hinzugeben und unter ständigem Rühren in 2–3 Min. schön karamellisieren lassen. Die Masse auf ein Backblech kippen und abkühlen lassen. Mit einer Gabel auflockern und in einem luftdichten Behälter lagern.

5- Karamellisierte würzige Macadamianüsse

250 g Macadamianüsse
1 l Traubenkernöl
50 g Sataypulver
50 g Zucker

Das Öl in einem hohen Topf auf 180 °C erhitzen, und die Macadamianüsse darin 1–2 Min. frittieren, bis sie eine schöne braune Farbe nehmen. Aus dem Öl heben und auf Küchenpapier abtropfen lassen. Die Nüsse mit einem großen Messer oder einer Küchenrolle grob zerkleinern. Das Sataypulver in einer beschichteten Pfanne bei schwacher Hitze 1 Min. rösten, damit es seine Aromen besser abgeben kann. Den Zucker hinzufügen und beides mit einem Holzspatel sorgfältig vermengen und bei schwacher Hitze 1 Min. erhitzen. Die Macadamianüsse hinzugeben und unter ständigem Rühren in 2–3 Min. schön karamellisieren lassen. Die Masse auf ein Backblech kippen und abkühlen lassen. Mit einer Gabel auflockern und in einem luftdichten Behälter lagern.

6- Karamellisierte würzige Haselnüsse

250 g Haselnüsse ohne Schale
1 l Traubenkernöl
50 g Sataypulver
50 g Zucker

Das Öl in einem hohen Topf auf 180 °C erhitzen, und die Haselnüsse darin 1–2 Min. frittieren, bis sie eine schöne braune Farbe nehmen.

Aus dem Öl heben und auf Küchenpapier abtropfen lassen. Die Nüsse mit einem großen Messer oder einer Küchenrolle grob zerkleinern. Das Sataypulver in einer beschichteten Pfanne bei schwacher Hitze 1 Min. rösten, damit es seine Aromen besser abgeben kann. Den Zucker hinzufügen und beides mit einem Holzspatel sorgfältig vermengen und bei schwacher Hitze 1 Min. erhitzen. Die Haselnüsse hinzugeben und unter ständigem Rühren in 2–3 Min. schön karamellisieren lassen. Die Masse auf ein Backblech kippen und abkühlen lassen. Mit einer Gabel auflockern und in einem luftdichten Behälter lagern.

7- Frittierte Curryblätter

1 Handvoll Curryblätter
500 ml Traubenkernöl

Das Öl in einem hohen Topf auf maximal 160 °C erhitzen (wenn es heißer wird, verlieren die Curryblätter ihre schöne Farbe). Frittieren Sie die Curryblätter etwa 15 Sek. lang. Auf Küchenpapier abtropfen lassen.

8- Frittierter Palmkohl

1 Handvoll kleingeschnittene Palmkohlblätter
500 ml Traubenkernöl

Das Öl in einem hohen Topf auf maximal 160 °C erhitzen (wenn es heißer wird, verliert der Palmkohl seine schöne Farbe). Frittieren Sie die Palmkohlblätter etwa 15 Sek. lang. Auf Küchenpapier abtropfen lassen.

CRUNCHIES

9- Frittierte Limettenblätter

1 Handvoll Kaffirlimetten- oder Limettenblätter
500 ml Traubenkernöl

Das Öl in einem hohen Topf auf maximal
160 °C erhitzen (wenn es heißer wird, verlieren die Blätter ihre schöne Farbe). Die Blätter
der Länge nach halbieren. Frittieren Sie die
Blätter etwa 15 Sek. lang. Auf Küchenpapier
abtropfen lassen. Auf dieselbe Weise können
Sie auch Basilikumblätter, glatte oder krause
Petersilie oder auch einen Selleriezweig frittieren.

10- Frittierte Zwiebelringe

2 weiße Zwiebeln oder solche aus
den Cevennen
500 ml Traubenkernöl
100 ml Vollmilch
100 g Weizenmehl
Selleriesalz

Das Öl in einem hohen Topf auf 180 °C erhitzen. Die Zwiebeln putzen und jeweils beide
Enden wegschneiden. Dann die Zwiebel in
2–3 mm dicke Scheiben schneiden und diese
in Ringe zerlegen. Die Zwiebelherzen anderweitig, z.B. für eine Bouillon, verwenden. Die
Zwiebelringe in Milch tauchen, abtropfen
lassen und in Mehl wenden. Überschüssi-
ges Mehl entfernen und die Zwiebelringe
2–3 Min. frittieren. Auf Küchenpapier abtropfen lassen und mit Selleriesalz würzen.

11- Frittierte Schalottenstreifen

5 schöne Schalotten
1 l Traubenkernöl
Selleriesalz

Das Öl in einem hohen Topf auf 180 °C erhitzen. Die Schalotten mit einer Mandoline der
Länge nach in Streifen von etwa 2 mm Dicke
schneiden. Die Schalottenenden anderweitig,
z.B. für eine Bouillon, verwenden. Frittieren
Sie die Schalottenstreifen etwa 2 Min. Auf
Küchenpapier abtropfen lassen und mit Selleriesalz würzen.

12- Frittierte Aubergine

1 lange violette Aubergine
Olivenöl
Salz und Pfeffer

Den Backofengrill vorheizen. Die Aubergine
mit einer Mandoline der Länge nach in Scheiben von etwa 2 mm Dicke schneiden. Ein
Backblech mit Backpapier auskleiden und die
Auberginenscheiben von beiden Seiten mit
Olivenöl einpinseln. Die Scheiben 15–20 Min.
grillen, dabei nach der Hälfte der Zeit drehen.
Sie sollen eine schöne goldene Farbe nehmen.

1- Rucolapesto

120 g Rucola
1 EL Artischockencreme mit Knoblauch
4 EL extrafruchtiges Olivenöl
2 EL kohlensäurehaltiges Mineralwasser
1 TL Selleriesalz

Vermengen Sie alle Zutaten kräftig miteinander, bis Sie eine schöne glatte grüne Paste erhalten haben. Kaltstellen. Es empfiehlt sich, dieses Pesto am Tag der Zubereitung zu verbrauchen.

2- Kimchi-Mostarda

80 g Kimchi (fermentierter Kohl nach koreanischer Art)
20 g Senffrüchte, gehackt + Sirup (Mostarda di Cremona S. 40)
20 g Piment d'Espelette (S. 220)
60 ml Zitronensaft
1 EL extrafruchtiges Olivenöl

Alle Zutaten, bis auf das Olivenöl, sorgfältig miteinander vermengen, bis eine relativ glatte Paste entstanden ist, dann das Olivenöl einarbeiten. Die Kimchi-Mostarda kann eine Woche im Kühlschrank aufbewahrt werden.

3- Gebackene Zitrone

(siehe Foto S. 218)
3 Menton- oder Meyer-Zitronen oder tunesische Bergamotte
25 g grobes Meersalz
30 g Eiweiß (Eiweiß von einem kleinen Ei)
250 g Weizenmehl
100 ml extrafruchtiges Olivenöl
Wasser

Backofen auf 180 °C vorheizen. In einer großen Schüssel das grobe Salz leicht mit dem Eiweiß verschlagen, dann das Mehl hinzufügen und alles gründlich miteinander vermengen. Sie sollten jetzt einen geschmeidigen aber festen Teig erhalten, wenn nötig geben Sie ein wenig Wasser hinzu. Den Teig 30 Min. an einem kühlen Ort ruhen lassen. Formen Sie nun drei Teigkreise von je 1 cm Dicke. Geben Sie auf jede Teigscheibe jeweils 1 Zitrone und umschließen Sie diese vollständig mit dem Teig. Etwa 45 Min. backen und dann vollständig auskühlen lassen. Erst danach die Salzkruste aufbrechen und die Zitrone herausholen. Diese in feine Scheiben schneiden und in Olivenöl marinieren. Sie lassen sich im Kühlschrank gut 3–4 Tage aufbewahren.

4- Tomaten-Ingwerpaste

750 g Tomaten
2 rosa Knoblauchzehen
50 g frischer Ingwer
1 weiße Zwiebel
5 EL Olivenöl
50 ml Reisessig
40 g Senffrüchte, gehackt (Mostarda di Cremona S. 40)
Salz
3 Stengel Koriandergrün

Bringen Sie einen Topf mit Wasser zum Kochen. Die Tomatenstengel entfernen und die Tomaten dann 10 Sek. ins kochende Wasser tauchen, danach sofort in Eiswasser abkühlen. Die Tomaten schälen, halbieren und die Kerne entfernen. Kerne und Schalen in ein Sieb geben und den Tomatensaft auffangen. Das Tomatenfleisch würfeln. Knoblauch, Ingwer und Zwiebel schälen, feinhacken und in einem Topf im Olivenöl anschwitzen. Reisessig, Mostarda- und Tomatenwürfel sowie –saft hinzufügen. Mit Salz abschmecken. Einmal aufkochen lassen und bei schwacher Hitze 30–40 Min. köcheln lassen, davon die ersten 20 Min. mit Deckel. Die Paste sollte jetzt ziemlich dicklich sein. Abkühlen lassen und erst dann das gehackte Koriandergrün hinzufügen. Diese Paste lässt sich gut 3–4 Tage im Kühlschrank aufbewahren.

5- Ingwer-Knoblauchsauce

3 EL frischer Ingwer, feingehackt
4 Stengel Knoblauchgras
1 EL gehackter Knoblauch
3 EL Reisessig
4 EL Austernsauce
1 TL Nuoc-mâm-Sauce
2 EL helle Sojasauce
½ TL rote Currypaste
3 cl Traubenkernöl
1 TL Erdnuss- oder Sesamöl

Das Traubenkernöl bei schwacher Hitze heiß werden lassen. In einer Schüssel Ingwer, Knoblauchgras, Knoblauch, Reisessig, Austernsauce, Nuoc-mâm-Sauce, Sojasauce und rote Currypaste gründlich miteinander vermengen. Dann gießen Sie das heiße Öl auf die Zutaten. Gut durchrühren und abkühlen lassen. Erst dann Erdnuss- oder Sesamöl einarbeiten. Diese Sauce kann gut eine Woche im Kühlschrank aufbewahrt werden.

6- Basilikumpesto

2 Bund frischer Basilikum
100 g Rucola
50 ml extrafruchtiges Olivenöl
1 EL Artischockencreme mit Knoblauch

Bringen Sie einen Topf mit Wasser zum Kochen. Das Bund Basilikum 30 Sek. ins kochende Wasser tauchen, danach sofort in Eiswasser abkühlen und abtropfen lassen. Rucola grob hacken. Alle Zutaten miteinander pürieren, bis ein schönes grünes Pesto entstanden ist. Es empfiehlt sich, dieses Pesto am Tag der Zubereitung zu verbrauchen.

7- Schwarze Olivenpaste

150 g entkernte schwarze Taggiasca-Oliven
2 frische junge Knoblauchzehen, geschält und
angedrückt
20 g Parmesan, gehobelt
2 Anchovisfilets (S. 60)
3 EL extrafruchtiges Olivenöl

Alle Zutaten in einen Standmixer geben und
pürieren, bis Sie eine schöne glatte Paste erhalten. Diese Paste kann gut eine Woche im
Kühlschrank aufbewahrt werden.

8- Marinierter Ingwer

300 g frischer junger Ingwer
200 ml Mirin
200 ml Reisessig

Den Ingwer schälen und mit einer Mandoline
in sehr feine Scheiben von 1-2 mm Dicke
schneiden. Geben Sie den Ingwer mit Mirin
und Reisessig in einen kleinen Topf. Einmal
aufkochen lassen und dann bei sehr schwacher Hitze weitere 45 Min. ziehen lassen.
Dieser Ingwer hält sich in der Marinade im
Kühlschrank sehr gut bis zu 10 Tage lang. Der
Ingwer wird ohne Marinade serviert und die
Marinade, also eine Art Ingweressig, eignet
sich hervorragend als Vinaigrette zu rohem
Fisch oder Muscheln.

9- Tomaten-Galgantsauce

6 reife Tomaten (etwa 1 kg)
3 Knoblauchzehen
1 weiße Zwiebel
100 g frischer Ingwer
2 Zitronengrasstengel
2 frische Galgantknollen
5 EL Olivenöl
100 ml Reisessig
Salz und Pfeffer

Tomaten waschen, Stielansatz entfernen,
grobhacken, pürieren und durch ein Tuch
oder Sieb passieren. Zitronengrasstengel
waschen, trockenschütteln, die äußeren, harten grünen Blätter entfernen und der Länge
nach halbieren. Knoblauch, Zwiebel und
Ingwer schälen, und mit Zitronengras und
Galgant feinhacken. In einer Pfanne mit etwas Olivenöl abschwitzen. Tomatenpüree und
Essig hinzufügen und abschmecken. Einmal
aufkochen lassen und bei schwacher Hitze
30–40 Min. köcheln lassen, davon die ersten
20 Min. mit Deckel. Am Ende erhalten Sie
eine cremige und sehr schmackhafte Sauce.
Noch einmal durch ein Tuch oder Sieb passieren. Die Sauce lässt sich im Kühlschrank
gut 3–4 Tage aufbewahren.

Pasta mit Meeresfrüchten & Krustentieren

Udonnudeln mit Venusmuscheln & Sesam-Yuzukoshōpaste

Für 4 Personen
Vorbereitungszeit 20 Minuten
Kochzeit 3 Minuten 30

320 g Udonnudeln
1 Zweig glatte Petersilie
50 ml Ponzusauce (S. 40)
2 TL Sesamöl
60 g Tomaten-Ingwerpaste (S. 70)
½ TL rote Yuzukoshōpaste (S. 40)
1 Zitronengrasstengel
4 EL Olivenöl + 100 ml zum Frittieren des Knoblauchs
16 Venusmuscheln
20 ml Weißwein
einige Sauerampferblätter
einige Chicoreesprossen
6 große Knoblauchzehen, frisch geschält
frisch gemahlener Pfeffer

Die Petersilienblätter mit einer Schere grob zerschneiden. Rühren Sie eine Vinaigrette aus Ponzusauce und Sesamöl an. Schneiden Sie die Knoblauchzehen mit einer Mandoline in dünne Scheiben von 2 mm Dicke.

2 EL Olivenöl in einer Pfanne bei schwacher Hitze heiß werden lassen, den Knoblauch hinzufügen und unter ständigem Rühren mit einem Holzspatel goldbraun und knusprig anbraten.

Auf Küchenpapier abtropfen lassen.

Mischen Sie 50 g der Tomaten-Ingwerpaste mit der roten Yuzukoshōpaste.

Zitronengrasstengel waschen, trockenschütteln, die äußeren, harten grünen Blätter entfernen und der Länge nach halbieren.

In einem Topf 2 EL Olivenöl bei starker Hitze heiß werden lassen und den Zitronengrasstengel anschwitzen. Die Venusmuscheln und den Wein hinzufügen, pfeffern und abgedeckt 2 Min. kochen lassen. Jetzt sollten alle Muscheln geöffnet sein (geschlossene entsorgen). Den Kochsud aus der Pfanne abgießen und auffangen.

Kochen Sie die Udonnudeln etwa 1½ Min. in reichlich sprudelnd kochendem Salzwasser, dann abgießen.

Die Udonnudeln mit dem heißen Kochsud, der Vinaigrette und der Petersilie in einer großen Schüssel schnell vermengen und mit den Muscheln auf vier Suppenschalen verteilen. Je einige Klekse der Tomaten-Ingwer-Yuzukoshōpaste darauf geben. Die Sauerampferblätter, Chicoreesprossen und den gebratenen Knoblauch auf den Nudeln anrichten, mit dem restlichen Kochsud beträufeln und sofort servieren.

Bucatini mit Jakobsmuscheln & Noripaste

Für 4 Personen
Vorbereitungszeit 20 Minuten
Kochzeit 11 Minuten

320 g Bucatini
8 Jakobsmuscheln (Küchenfertig ausgelöst)
1 Yuzu
20 g schwarze Sesampaste
100 ml Tom kha gai-Fischbouillon (S. 26)
50 g Tosazusauce (S. 40)
50 ml Olivenöl
40 g Noripaste
2 Stengel Thai-Basilikum, abgezupft
Salz

Die Jakobsmuscheln quer halbieren.

Die Yuzu auspressen und die Schale beiseitelegen.

Die schwarze Sesampaste mit dem Yuzusaft und der Tosazusauce gründlich verrühren, bis eine glatte Sauce entstanden ist. Beiseitestellen.

Die Yuzuschale in feine Streifen schneiden.

Die Fischbouillon in einem großen Topf bei schwacher Hitze heiß werden lassen.

Kochen Sie die Bucatini 7 Min. in reichlich sprudelnd kochendem Salzwasser al dente, dann abgießen. Die Bucatini in den Topf mit der Fischbouillon geben und vermengen, sie sollen die Bouillon ganz absobieren, das dauert etwa 2 Min. Erst dann das Olivenöl unterrühren.

Währenddessen braten Sie die Jakobsmuscheln von einer Seite in 2 EL Olivenöl in einer Pfanne bei mittlerer Hitze an, bis sie goldbraun sind.

Die Nudeln mit den Jakobsmuscheln und der Noripaste auf vier Teller verteilen. Thai-Basilikumblätter, feingeschnittene Yuzuschale und einige Kleckse der angemachten Sesampaste darauf anrichten und sofort servieren.

Sobanudeln mit Favabohnen & Gambas

Für 4 Personen
Vorbereitungszeit 15 Minuten
Kochzeit 7 Minuten

320 g Sobanudeln
2 Lauchzwiebeln
160 g Favabohnen, gepalt
10 Garnelen oder 10 Gambas (Riesengarnelen)
3 EL Olivenöl
1 Knoblauchzehe
½ Zitronengrasstengel
15 g Butter
100 ml Tom kha gai-Garnelenbouillon (S. 30)
1 Noriblatt, in feinen Streifen
2 Stengel Thai-Basilikum, abgezupft
Salz, frisch gemahlener Pfeffer

Das Grüne der Lauchzwiebeln entfernen und die eigentlichen Zwiebeln vierteln.

Blanchieren Sie die Favabohnen 30 Sek. in kochendem Salzwasser. Sofort in Eiswasser geben, damit der Garprozess unterbrochen wird, danach abtropfen lassen und die Haut der Bohnen entfernen.

Die Gambas aus der Schale lösen, den schwarzen Faden entfernen, und die Gambas der Länge nach halbieren.

Zitronengrasstengel waschen, trockenschütteln, die äußeren, harten grünen Blätter entfernen und der Länge nach halbieren.

In einer Pfanne 2 EL Olivenöl bei mittlerer Hitze heiß werden lassen und die ganze geschälte Knoblauchzehe und das Zitronengras darin anschwitzen. Die Gambas hinzufügen und Farbe nehmen lassen. Pfanne vom Feuer ziehen und die Zwiebelviertelchen dazugeben und abschmecken.

In einem kleinen Topf die Favabohnen in 1 EL Olivenöl und der Butter heiß werden lassen.

In einem großen Topf die Tom kha gai-Garnelenbouillon bei mittlerer Hitze auf die Hälfte reduzieren.

Kochen Sie die Sobanudeln 1 Min. in reichlich sprudelnd kochendem Salzwasser, dann abgießen. Die Nudeln in den Topf mit der Garnelenbouillon geben und vermengen, bis die Nudeln ganz von der Bouillonreduktion ummantelt sind. Verteilen Sie die Sobanudeln auf vier Suppenschalen. Geben Sie die Garnelen, Zwiebelblättchen und Favabohnen darauf. Mit Noristreifen und Thai-Basilikumblättchen bestreuen und sofort servieren.

Dischi volanti mit Algenbutter & Garnelen

Für 4 Personen
Vorbereitungszeit 25 Minuten
Kochzeit 14 Minuten

320 g Dischi volanti (fliegende Untertassen)
100 g Tempuramehl
160 ml Eiswasser
6 EL Olivenöl
1 frische Knoblauchzehe
½ Zitronengrasstengel
240 g frische Garnelen (am besten Sägegarnelen)
1 l Traubenkernöl (zum Frittieren)
100 ml Tom kha gai-Garnelenbouillon (S. 30)
40 g Algenbutter (S. 56)
einige Korianderblüten
1 Stengel Thai-Basilikum, abgezupft
1 Kaffirlimette (oder 1 Zitrone)
Salz

Das Tempuramehl gründlich mit dem Eiswasser vermengen. Der Teig soll relativ dünnflüssig sein, um eine leichte und knusprige Textur zu gewährleisten.

Zitronengrasstengel waschen, trockenschütteln, die äußeren, harten grünen Blätter entfernen und der Länge nach halbieren.

In einer Pfanne 2 EL Olivenöl bei mittlerer Hitze heiß werden lassen und die ganze geschälte Knoblauchzehe und das Zitronengras darin anschwitzen. Die frischen Garnelen hinzufügen und bei starker Hitze etwa 2 Min. anbraten, Hitze reduzieren und weiterbraten, bis die Garnelen eine schöne rote Farbe haben.

In der Zwischenzeit das Traubenkernöl in einem hohen Topf auf 180 °C erhitzen.

Die Garnelen schälen und einige der Köpfe beiseitelegen. Diese Köpfe in den Tempurateig tauchen und 1 Min. bei 180 °C frittieren. Dann auf Küchenpapier abtropfen lassen. Kochen Sie die Dischi volanti 8 Min. in reichlich sprudelnd kochendem Salzwasser al dente.

Währenddessen in einem großen Topf die Tom kha gai-Garnelenbouillon bei mittlerer Hitze heiß werden lassen.

Die Dischi volanti abgießen, in den Topf mit der Garnelenbouillon geben und vermengen, bis die Nudeln die Bouillon absorbiert haben, das dauert etwa 2 Min. Erst dann die Algenbutter und die restlichen 4 EL Olivenöl unterrühren.

Die Nudeln mit den Garnelen und Garnelenköpfen auf vier Teller verteilen. Mit Korianderblüten, Thai-Bailikumblättchen und etwas geriebener Kaffirlimettenschale bestreuen und sofort servieren.

Lumache mit thailändischem Taschenkrebscurry

Für 4 Personen
Vorbereitungszeit 20 Minuten
Kochzeit 20 Minuten

240 g Lumache
4 Stangen grüner Spargel
100 g Erbsen, gepalt
1 kleine violetter junger Wirsing (oder 1 kleiner Wirsing)
2 Stengel Knoblauchgras
500 ml Tom kha gai-Garnelenbouillon (S. 30)
3 EL Olivenöl
½ Zitronengrasstengel
1 Päckchen Shimejipilze
4 gekochte geschälte Taschenkrebsscheren
1 Stengel Rao Ram (S. 220) , abgezupft
Salz, frisch gemahlener Pfeffer

Den grünen Spargel putzen, vorsichtig glattschälen. Die Spitzen abschneiden und halbieren und die Stangen in mundgerechte Stücke schneiden.
Die Erbsen 3 Min. in einem großen Topf in kochendem Salzwasser blanchieren, sofort in Eiswasser geben, damit der Garprozess unterbrochen wird, danach abtropfen lassen. Wiederholen Sie diesen Vorgang mit den Kohlblättern. Knoblauchgras kleinschneiden.
Kochen Sie die Lumache 7 Min. in reichlich sprudelnd kochendem Salzwasser al dente.
Währenddessen in einem großen Topf die Tom kha gai-Garnelenbouillon bei mittlerer Hitze heiß werden lassen. Zitronengrasstengel waschen, trockenschütteln, die äußeren, harten grünen Blätter entfernen und der Länge nach halbieren.
In einer Pfanne 2 EL Olivenöl bei mittlerer Hitze heiß werden lassen und das Zitronengras darin anschwitzen. Den Spargel und die Shimejipilze hinzufügen und abgedeckt etwa 2 Min. köcheln lassen. Abschmecken.
Die Erbsen und den Kohl dazugeben.
Die Lumache abgießen, in einen großen Topf geben und mit 100 ml der Garnelenbouillon übergießen und vermengen, die Nudeln sollen von der Bouillon ganz ummantelt sein. Das Gemüse und Knoblauchgras hinzufügen.
Die Taschenkrebsscheren im Rest der Bouillon bei schwacher Hitze in etwa 2 Min. heiß werden lassen. Die Nudeln mit dem Gemüse und den Taschenkrebsscheren auf vier Suppenschalen verteilen, den Rest der Bouillon jeweils angießen, mit Rao Ramblättchen bestreuen und sofort servieren.

Riso mit Gambas in Minestrone

Für 4 Personen
Vorbereitungszeit 20 Minuten
Kochzeit 15 Minuten

160 g Riso (Reiskornnudeln aus Buchweizen)
20 Herzmuscheln
6 Gambas (Riesengarnelen)
⅓ Daikon (milder Rettich)
4 Radieschen
2 Zuchtchampignons
1 Lauchstange, nur das Weiße
2 Kohlherzen
2 Stengel Knoblauchgras
2 rote Shisoblätter
1 Meyer- oder Menton-Zitrone
Olivenöl
1 l Tom kha gai-Garnelenbouillon (S. 30)
½ Zitronengrasstengel
50 g würzige Pfefferbutter (S. 56)
160 g Erbsen, gepalt
Salz, Pfeffer

Die Herzmuscheln in kaltes Wasser geben und die Gambas schälen.

Den Daikon putzen, schälen und in 3–4 mm kleine Würfel schneiden.

Die Radieschen putzen und in 3–4 mm kleine Würfel schneiden.

Die geputzten Champignons entstielen, und die Köpfe in 3–4 mm kleine Würfel schneiden.

Vierteln Sie den geputzten Lauch der Länge nach und schneiden Sie diese Viertel in 3–4 mm dicke Scheiben.

Die Blätter der Kohlherzen abzupfen.

Das Knoblauchgras feinhacken, und Shisoblätter mit einer Schere kleinschneiden.

Eine Zeste der Meyer-Zitrone in 3–4 mm kl. Würfel schneiden.

Geben Sie die Herzmuscheln und Garnelen in einen Dampfeinsatz, Pfeffer und einige Spritzer Olivenöl hinzufügen. Bei hoher Hitze 1–2 Min. dämpfen. Die Muschelschalen entsorgen, geschlossene Muscheln ebenfalls entsorgen.

In einem großen Topf die Tom kha gai-Garnelenbouillon bei mittlerer Hitze heiß werden lassen.

Zitronengrasstengel waschen, trockenschütteln, die äußeren, harten grünen Blätter entfernen und der Länge nach halbieren.

In einem großen Topf das Zitronengras bei mittlerer Hitze in der Pfefferbutter anschwitzen, das Gemüse hinzufügen und abgedeckt bei schwacher Hitze etwa 3 Min. köcheln lassen.

Kochen Sie die Reisnudelkörner 6 Min. in reichlich sprudelnd kochendem Salzwasser al dente, dann abgießen.

Geben Sie die Reiskornnudeln zu dem Gemüse, die Herzmuscheln und kleingeschnittenen Gambas hinzufügen sowie 100 ml heiße Garnelenbouillon. Vom Feuer nehmen und kurz ziehen lassen. Knoblauchgras, Shisoblättchen und die Würfelchen der Meyer-Zitrone hineingeben.

Auf vier Suppenschüsseln verteilen und den Rest der sehr heißen Garnelenbouillon angießen.

Spaghettoni mit Seeigeln, Bottarga & Ponzusauce

Für 4 Personen
Vorbereitungszeit 20 Minuten
Kochzeit 12 Minuten

320 g Spaghettoni
4 Seeigel
1 Zitronatzitrone
20 g Aosa-Algen
50 ml Ponzusauce (S. 40)
100 ml Tom kha gai-Fischbouillon (S. 26)
4 EL Olivenöl
50 g Bottarga (Fischrogen S. 60)
einige Rucolablüten
2 Stück Langer Pfeffer (S. 34)
Salz

Die Seeigel vorsichtig mit einer Schere aufschneiden und das orangefarbene Fleisch, die sogenannten Zungen, mit einem kleinen Löffel herausholen und die Flüssigkeit dabei auffangen. Die Zungen unter fließendem kaltem Wasser abspülen.

Die Schale der Zitronatzitrone mithilfe eines Sparschälers abschälen.

Weichen Sie die Aosa-Algen in der Ponzusauce ein, dann abtropfen lassen.

Kochen Sie die Spaghettoni 9 Min. in reichlich sprudelnd kochendem Salzwasser al dente, dann abgießen.

Währenddessen in einem großen Topf die Tom kha gai-Fischbouillon bei mittlerer Hitze heiß werden lassen. Die Spaghettoni hineingeben und vermengen, bis die Nudeln die Bouillon absorbiert haben, das dauert etwa 2 Min. Erst dann das Olivenöl unterrühren.

Verteilen Sie die Pasta mit einem kleinen Schöpflöffel und einer Gabel auf vier Schalen.

Die eingeweichten Algen darauf anrichten und den Fischrogen darüber reiben. Jede Portion mit 1 EL Ponzusauce beträufeln.

Die Rucolablüten darüberstreuen und ein wenig Langen Pfeffer mit einer Mikroreibe darüber reiben, sofort servieren.

Fregola sarda mit Tempura-Weichschalenkrabben

Für 4 Personen
Vorbereitungszeit 20 Minuten
Kochzeit 15 Minuten

150 g Fregola sarda (sardische Hartweizengrießnudeln S. 220)
½ gebackene Zitrone in Scheiben (S. 68)
135 ml Olivenöl
2 Weichschalenkrabben (S. 220)
4 Stengel Knoblauchgras
600 ml Tom kha gai-Garnelenbouillon (S. 30)
1 Zitronengrasstengel
½ weiße Zwiebel, feingehackt
150 g Tempuramehl
7,5 cl Eiswasser
1 l Traubenkernöl (zum Frittieren)
einige Sauerampferblätter
2 Stengel Dill, abgezupft
4 Blättchen Kapuzinerkresse
einige Blüten vom Bohnenkraut, Schnittlauch, Rosmarin oder Thymian
Salz, frisch gemahlener Pfeffer

Die gebackenen Zitronenscheiben in 5 EL Olivenöl marinieren.

Die Weichschalenkrabben flachdrücken und vierteln. Knoblauchgras halbieren.

Tom kha gai-Garnelenbouillon bei schwacher Hitze heiß werden lassen.

Zitronengrasstengel waschen, trockenschütteln, die äußeren, harten grünen Blätter entfernen und der Länge nach halbieren.

In einem großen Topf 2 EL Olivenöl bei mittlerer Hitze heiß werden lassen, und das Zitronengras und die feingehackte Zwiebel 2 Min. darin anschwitzen. Die Fregola sarda hineingeben und ganz und gar mit Öl ummanteln, dann die heiße Tom kha gai-Garnelenbouillon jeweils kellenweise, wie für ein Risotto, hineingeben und rühren, bis die Flüssigkeit jeweils absorbiert ist.

Für den Tempurateig das Mehl mit dem Eiswasser vermengen und kräftig mit Salz und Pfeffer würzen.

Das Öl in einem hohen Topf auf 180 °C erhitzen.

Die Weichschalenkrabben und die Knoblauchgrasstengel in den Tempurateig tauchen, dann die Krabben etwa 1½ Min. frittieren, die Knoblauchgrasstengel 45 Sek. frittieren. Beides auf Küchenpapier abtropfen lassen.

Währenddessen die Fregola sarda abschmecken und zum Schluss 2 EL Olivenöl unterrühren.

Die Fregola sarda auf vier Schalen verteilen und die Tempura-Krabben sowie das Tempura-Knoblauchgras darauf anrichten. Mit gebackenen Sauerampferblättchen, Dillspitzen, Kapuzinerkresseblättchen und den Kräuterblüten garnieren und sofort servieren.

Lasagnette mit Algenbutter & Hummer

Für 4 Personen
Vorbereitungszeit 20 Minuten
Kochzeit 40 Minuten

320 g Lasagnette
1 Hummer à 800 g
100 ml Reisessig
100 ml Wasser
80 g Zucker
3 cm Kombu-Alge
1 Süßzwiebel aus Trébons
200 ml Tom kha gai-Garnelenbouillon (S. 30)
40 g Algenbutter (S. 56)
einige Knoblauchblüten
einige Bohnenkrautblüten
3 EL Olivenöl
Salz

FÜR DIE COURT-BOUILLON
2 l Wasser
1 Zitronengrasstengel
30 g Ingwer
1 Zitronen- oder Zitronatzitronenzeste
5 g Pfefferkörner
1 Stengel Thai-Basilikum, abgezupft
15 g Salz

Bereiten Sie die Court-Bouillon zu, indem Sie alle Zutaten einmal aufkochen und danach 15 Min. köcheln lassen.

Die Hummerscheren vom Rest des Körpers trennen und die Scheren für 4 Min., den Körper für 3 Min. in die sprudelnd kochende Court-Bouillon geben. Abkühlen lassen und das Fleisch aus der Schale lösen. Den Hummerkopf nutzen Sie für eine Tom kha gai-Krustentierbouillon (siehe mein Buch *BOUILLON*)

Lassen Sie den Reisessig mit dem Wasser und Zucker einmal aufkochen. Vom Herd ziehen, die Kombu-Alge hineingeben und abkühlen lassen.

Natürlich können Sie die Court-Bouillon auch schon früher fertigstellen, ebenso das Marinieren der Kombu-Alge.

Schneiden Sie die Süßzwiebel in 5 mm dicke Scheiben, ebenso das Hummerfleisch.

Die marinierte Kombu-Alge abtropfen lassen und in 2 mm dicke Streifen schneiden.

Kochen Sie die Lasagnette 7 Min. in reichlich sprudelnd kochendem Salzwasser al dente, dann abgießen.

In einem großen Topf die Tom kha gai-Garnelenbouillon bei mittlerer Hitze auf die Hälfte reduzieren.

In einer Pfanne 3 EL Olivenöl bei schwacher Hitze heiß werden lassen, und die Zwiebel- und Hummerscheiben von jeder Seite jeweils 1 gute Min. darin anbraten.

Die Nudeln abgießen und in die heiße Tom kha gai-Reduktion geben. Die Brühe soll die Nudeln ganz und gar ummanteln, erst dann die Algenbutter unterrühren.

Die Nudeln auf vier Teller verteilen, die Hummer- und Zwiebelscheiben darauf anrichten. Mit Knoblauch- und Bohnenkrautblüten bestreuen und sofort servieren.

Gamba-Dim sum in Tom kha gai-Garnelenbouillon

Für 4 Personen
Vorbereitungszeit 25 Minuten
Kochzeit 5 Minuten

12 Gyōza-Nudelblätter
(Gyōza sind japanische Teigtaschen)
12 Gambas (Riesengarnelen)
1 Stengel Rao Ram (S. 220)
2 Stengel Thai-Basilikum
1–2 TL Tamarindenpaste
einige Blätter Bergamotte-Minze
1 Eigelb
200 ml Tom kha gai-Garnelenbouillon (S. 30)
30 g Yuzukoshōbutter (S. 56)
1 EL Olivenöl
einige Portulak-Keilmeldeblätter
einige Bärlauchblätter
10 g Kombu-Alge, blanchiert in feinen Streifen

Die Gambas aus der Schale lösen, den schwarzen Faden entfernen, und die Gambas der Länge nach halbieren.
Die Blättchen vom Rao Ram und vom Thai-Basilikum abzupfen.
Legen Sie 12 Nudelblätter auf der Arbeitsfläche aus. Geben Sie jeweils ein Thai-Basilikumblättchen, einen Klecks Tamarindenpaste sowie zwei Gamba-Hälften auf die Mitte des Blattes. Die Blattränder mit dem Eigelb, das zuvor mit ein wenig kaltem Wasser verrührt wird, bepinseln. Das Blatt dann einmal falten, wodurch sich ein Halbmond ergibt. Die Ränder der Teigtaschen sehr fest zusammendrücken.
Die Tom kha gai-Garnelenbouillon in einem Topf einmal aufkochen lassen, vom Feuer ziehen und die Yuzukoshōbutter hineinrühren.
In der Zwischenzeit die Teigtaschen im Bambusdämpfer oder Dampfgarer über einem siedenden Wasserbad 3 Min. dämpfen.
In einer Pfanne 1 EL Olivenöl bei schwacher Hitze heiß werden lassen und die Portulak-Keilmelde- sowie die Bärlauchblätter 30 Sek. anschwitzen.
Die Gamba-Teigtaschen auf vier tiefe Teller verteilen, die heiße Bouillon angießen und die verschiedenen Kräuterblättchen sowie die Kombu-Algenstreifen darauf anrichten und sofort servieren.

Capelli d'angelo mit gegrillten Langustinen & maritimen Kräutern

Für 4 Personen
Vorbereitungszeit 15 Minuten
Kochzeit 9 Minuten

320 g Capelli d'angelo (Engelshaarnudeln)
12 Langustinen (Größe 15/20)
½ gebackene Zitrone (S. 68)
2 Stengel Knoblauchgras
200 ml Tom kha gai-Garnelenbouillon (S. 30)
1 Zitronengrasstengel
6 EL Olivenöl
einige Blätter Strandaster (auch Salzaster genannt)
einige Korianderblüten
Salz

Langustinen auf eine Arbeitsfläche legen, den Kopf mit einer Schere abschneiden, und mit einem großen, scharfen Küchenmesser vom Kopf her in Richtung Schwanz längs halbieren. Die im Kopfteil vorhandenen Innereien unter fließend kaltem Wasser ausspülen. Evtl. vorhandene schwarze Därme aus dem Schwanzteil mithilfe eines spitzen Messers entfernen. Langustinen auf Küchenpapier abtropfen lassen.
Schneiden Sie die gebackene Zitrone in kleine Würfel.
Das Knoblauchgras schräg in 1 cm dicke Streifen schneiden.
Die Tom kha gai-Garnelenbouillon bei mittlerer Hitze ohne Deckel um ein Viertel reduzieren.
Zitronengrasstengel waschen, trockenschütteln, die äußeren, harten grünen Blätter entfernen und der Länge nach halbieren.
In einer Pfanne 3 EL Olivenöl bei mittlerer Hitze heiß werden lassen und das Zitronengras darin anschwitzen, die Langustinen dazugeben und auf der Panzerseite 2–3 Min. anbraten, bis sie glänzen.
Kochen Sie die Capelli d'angelo in 1 Min. in reichlich sprudelnd kochendem Salzwasser al dente, dann abgießen. Die Nudeln in die Garnelenbouillon geben und vermengen, bis die Nudeln ganz und gar von der Bouillon ummantelt sind. Erst dann Knoblauchgras und die maritimen Kräuter unterrühren.
Verteilen Sie die Nudeln auf vier Suppenschalen, die Langustinen, Zitronenwürfel und Korianderblüten darauf anrichten, mit den restlichen 3 EL Olivenöl beträufeln und sofort servieren.

Tagliatelle mit Safran, Muscheln & Kräutern

Für 4 Personen
Vorbereitungszeit 15 Minuten
Kochzeit 15 Minuten

320 g Tagliatelle
8 Raue Venusmuscheln
5 EL Olivenöl
½ Zitronatzitrone
½ Zitronengrasstengel
3 Kaffirlimettenblätter
einige Safranfäden
100 ml Weißwein
8 Venusmuscheln
8 große Miesmuscheln
8 schwertförmige Scheidenmuscheln
50 g Algenbutter
2 Stengel glatte Petersilie, abgezupft
2 Stengel Dill, abgezupft
Salz, frisch gemahlener Pfeffer

Die Rauen Venusmuscheln öffnen und den Saft auffangen.
Die Zitronatzitrone (Fleisch und Schale) in sehr dünne Scheiben schneiden.

Zitronengrasstengel waschen, trockenschütteln, die äußeren, harten grünen Blätter entfernen und der Länge nach halbieren.

In einer Pfanne 2 EL Olivenöl bei schwacher Hitze heiß werden lassen und das Zitronengras darin anschwitzen, Kaffirlimettenblätter und Safran hinzufügen. Den Weißwein angießen, pfeffern, zum Kochen bringen, die Venusmuscheln hineingeben etwa 2 Min. bei starker Hitze abgedeckt köcheln lassen.

Die Venusmuscheln aus dem Sud heben, und nun die Miesmuscheln auf dieselbe Art garen und aus dem Sud heben. Zum Schluss die schwertförmigen Scheidenmuscheln 20 Sek. in dem Sud blanchieren.

Alle drei Muschelsorten auf einen tiefen Teller geben, damit sich der Muschelsaft sammeln kann.

Kochen Sie die Tagliatelle 4 Min. in reichlich sprudelnd kochendem Salzwasser al dente.

Den aufgefangenen Saft der Rauen Venusmuscheln sowie den angesammelten Saft der restlichen Muscheln mit der Algenbutter in einen Topf geben und einmal aufkochen lassen.

Die Nudeln abgießen und in den heißen Muschelsaft geben. Erst dann die Petersilienblättchen und Dillspitzen sowie 3 EL Olivenöl unterrühren.

Die Nudeln auf vier Schalen verteilen, die Muscheln darauf anrichten und mit den Zitronatzitronenscheiben garnieren.

Pasta & Fisch

Udonnudeln mit Lachsrogen, Puntarelle & Bonitoflocken

Für 4 Personen
Vorbereitungszeit 10 Minuten
Kochzeit 7 Minuten

300 g Udonnudeln
50 ml Tosazusauce (S. 40)
30 g Meerrettich
50 ml Sojasauce für Nudeln
2 EL Sesamöl
20 g geröstete Sesamsamen
2 Frühlingszwiebeln
150 ml Tom kha gai-Fischbouillon (S. 26)
⅓ Puntarelle (auch Spargelchicoree o. Vulkanspargel genannt)
120 g Lachsrogen
1 Handvoll Bonitoflocken (S. 40)
Salz

Verrühren Sie Tosazusauce, Meerrettich, Sojasauce für Nudeln, Sesamöl und geröstete Sesamsamen zu einer Vinaigrette. Schneiden Sie die Frühlingszwiebeln in feine Streifen und geben Sie sie in die Vinaigrette. Abschmecken.
In einem großen Topf die Tom kha gai-Fischbouillon bei mittlerer Hitze um ein Drittel reduzieren.
Die Puntarelle mit einer Mandoline in dünne Scheiben schneiden und in Eiswasser geben.
Kochen Sie die Udonnudeln 1½ Min. in reichlich sprudelnd kochendem Salzwasser, dann abgießen.
In einer großen Schüssel vermengen Sie die heißen Udonnudeln mit der Sesamvinaigrette und der heißen Bouillonreduktion.
Verteilen Sie die Nudeln auf vier Teller, den Lachsrogen, Puntarellescheiben und Bonitoflocken darauf anrichten und sofort servieren.

Paccheri mit Taggiasca-Oliven, Algen & gegrilltem Oktopus

Für 4 Personen
Vorbereitungszeit 20 Minuten
Kochzeit 30 Minuten

320 g Paccheri
200 g gekochter Oktopus
einige Blätter Puntarelle, gelber Löwenzahn oder Endivie
1 Große Limette (S. 46)
5 EL Olivenöl
100 ml Tom kha gai-Fischbouillon (S. 26)
30 g Algenbutter (S. 56)
Saft von ½ Zitrone
30 g Taggiasca-Oliven
einige Sauerampferblätter
Salz

Den Oktopus in mundgerechte etwa 2 cm große Stücke schneiden.

Puntarelle waschen und trocken schleudern.

Die Große Limette vierteln und diese Viertel dann mit einer Mandoline in dünnste Scheiben schneiden. Marinieren Sie diese in 1 EL Olivenöl.

Kochen Sie die Paccheri 10 Min. in reichlich sprudelnd kochendem Salzwasser al dente, dann abgießen.

In einem großen Topf die klare Tom kha gai-Fischbouillon einmal aufkochen. Die Paccheri in die Fischbouillon geben und vermengen, bis die Nudeln nach etwa 2 Min. ganz und gar von der Bouillon ummantelt sind.

In einer beschichteten Pfanne 2 EL Olivenöl bei starker Hitze heiß werden lassen und die Oktopusstücke darin etwa 1 Min. von jeder Seite anbraten.

Die Puntarelle mit 2 EL Olivenöl und dem Zitronensaft vermengen und abschmecken.

Verteilen Sie die Paccheri auf vier Suppenschalen und richten Sie die Oktopusstücke sowie die Oliven, die Limettenscheiben, die Puntarelle- und Sauerampferblätter darauf an. Sofort servieren.

Linguine mit schwarzer Sesampaste & gegrilltem Kalmar

Für 4 Personen
Vorbereitungszeit 10 Minuten
Kochzeit 12 Minuten

320 g Linguine
4 Kalmartuben, gesäubert
1 Limequat
30 g schwarze Sesampaste
30 g weißer Balsamico
3 TL Sesamöl
100 ml Tom kha gai-Fischbouillon (S. 26)
3 EL Olivenöl
30 g Algenbutter (S. 56)
einige Kapuzinerkresseblätter oder echter Venusnabel
Salz

Versehen Sie die Kalmartuben mit drei kleinen Einschnitten (siehe Foto), dadurch garen sie gleichmäßiger.

Die Limequat in dünne Scheiben schneiden.

Vermengen Sie die schwarze Sesampaste mit dem weißen Balsamico und Sesamöl, bis Sie eine homogene würzige Sauce erhalten. Abschmecken.

In einem großen Topf die klare Tom kha gai-Fischbouillon einmal aufkochen und dann auf die Hälfte reduzieren.

Lassen Sie 3 EL Olivenöl in einer Pfanne bei sehr hoher Hitze heiß werden und braten Sie die Kalmartuben 1 gute Min. von allen Seiten an. Sie müssen eine schöne Farbe nehmen.

Kochen Sie die Linguine 6 Min. in reichlich sprudelnd kochendem Salzwasser al dente, dann abgießen.

Geben Sie die Linguine in die heiße Bouillonreduktion, sorgfältig vermengen, erst dann die Algenbutter unterrühren.

Verteilen Sie Linguine auf vier Schalen. Geben Sie einen guten Esslöffel der Würzpaste dazu und richten Sie die Kalmartuben, die Limequatscheiben und die Kapuzinerkresseblättchen darauf an. Sofort servieren.

Linguine mit gegrillten Sepienstreifen & thailändischer Bouillabaisse

Für 4 Personen
Vorbereitungszeit 10 Minuten
Kochzeit 24 Minuten

320 g Linguine
350 ml Tom kha gai-Fischbouillon (S. 26)
1 Limequat oder 1 tunesische Bergamotte
½ Zitronengrasstengel
3 EL Olivenöl
250 g Sepia, in Streifen
50 g Rucolapesto (S. 68)
4 kleine Portionen Nori-Algen
in feinsten Streifen
1 Stengel Estragon, abgezupft
30 g Haricot de mer-Algen (auch Meeresbohnen
oder Meeresspaghetti genannt)
Salz, frisch gemahlener Pfeffer

In einem großen Topf 250 ml der Tom kha gai-Fischbouillon einmal aufkochen und dann bei schwacher Hitze 10–15 Min. köcheln lassen, bis sie eine fast püreeartige Konsistenz hat und eine Art würziges Thai-Bouillabaisse-Aroma entstanden ist.

Schneiden Sie die Limequat oder tunesische Bergamotte in dünne Scheiben.

Kochen Sie die Linguine 6 Min. in reichlich sprudelnd kochendem Salzwasser al dente, dann abgießen.

Zitronengrasstengel waschen, trockenschütteln, die äußeren, harten grünen Blätter entfernen und der Länge nach halbieren.

In einer Pfanne 3 EL Olivenöl bei hoher Hitze heiß werden lassen und das Zitronengras darin anschwitzen, die Sepia-streifen dazugeben und in 1 Min. unter ständigem Rühren anbraten. Abschmecken.

In einem großen Topf die restliche Tom kha gai-Fischbouil-lon einmal aufkochen, die Linguine dazugeben und vermen-gen, bis die Nudeln nach etwa 1 Min. ganz und gar von der Bouillon ummantelt sind. Erst dann 1 EL Rucolapesto unterrühren.

Das heiße Bouillabaissepüree auf vier Schüsseln verteilen, die Nudeln daraufgeben und mit den Sepiastreifen, Nori-Al-genstreifchen, Limequatscheiben, Estragonblättchen, Haricot de mer-Algen und einigen Klecksen Rucolapesto anrichten und sofort servieren.

Linguine mit Knoblauch, Zitrone, Yuzukoshōpaste & Bottarga

Für 4 Personen
Vorbereitungszeit 10 Minuten
Kochzeit 10 Minuten

400 g Linguine
½ gebackene Zitrone (S. 68)
6 Knoblauchzehen, frisch geschält
5 EL Olivenöl + 100 ml zum Frittieren des Knoblauchs
200 ml Tom kha gai-Fischbouillon (S. 26)
½ TL rote Yuzukoshōpaste (S. 40)
60 g Bottarga (Fischrogen S. 60)
einige Rucolablüten
einige Kohlblüten
2 Stengel Dill, abgezupft
Salz

Die gebackene Zitrone feinwürfeln.

Die Knoblauchzehen mit einer Mandoline in dünne Scheiben von 2 mm Dicke schneiden.

In einer Pfanne 100 ml Olivenöl bei schwacher Hitze heiß werden lassen und die Knoblauchscheiben hineingeben. Stetig mit einem Holzspatel rühren, bis der Knoblauch goldbraun und knusprig ist. Sofort aus der Pfanne heben und auf Küchenpapier abtropfen lassen.

Kochen Sie die Linguine 6 Min. in reichlich sprudelnd kochendem Salzwasser al dente, dann abgießen.

Währenddessen in einem großen Topf die Tom kha gai-Fischbouillon mit der Yuzukoshōpaste einmal aufkochen lassen, die Linguine dazugeben und vermengen, bis die Nudeln nach etwa 1 Min. ganz und gar von der Bouillon ummantelt sind. Erst dann das restliche Olivenöl, den gebratenen Knoblauch und die feingewürfelte gebackene Zitrone unterrühren.

Geben Sie die Linguine in eine große vorgewärmte Schüssel und reiben Sie den Fischrogen darüber. Mit Rucola- und Kohlblüten sowie Dillspitzen bestreuen und sofort servieren.

Paccheri mit Haddock, gebackenen Kirschtomaten

Für 4 Personen
Vorbereitungszeit 20 Minuten
Kochzeit 1 h 30
(+ Ruhezeit 10 Minuten)

320 g Paccheri
20 Kirschtomaten
1 Prise Puderzucker
80 ml Olivenöl
1½ Zitronengrasstengel
3 Knoblauchzehen, frisch geschält
200 g Haddockfilet
(geräucherter Schellfisch) ohne Haut
500 ml Vollmilch
2 Kaffirlimettenblätter
frisch gemahlener Timutpfeffer
aus der Mühle (S. 34)
200 ml Tom kha gai-Fischbouillon (S. 26)
30 g Yuzubutter (S. 56)
50 g Strandaster oder Aosa- oder
Wakame-Algen
Saft von 1 Zitrone
3 Stengel Dill, abgezupft
Salz, frisch gemahlener weißer Pfeffer

Backofen auf 90 °C vorheizen.

Die Kirschtomaten waschen, halbieren und in eine Auflauf-form geben. Mit Salz und Pfeffer würzen, mit Puderzucker bestreuen und mit 40 ml Olivenöl vermengen.

Zitronengrasstengel waschen, trockenschütteln, die äußeren, harten grünen Blätter entfernen und der Länge nach halbie-ren. Einen ganzen halbierten Zitronengrasstengel in einzelne Segmente teilen sowie 2 ganze angedrückte Knoblauchzehen unter die Tomaten mischen und für 75 Min. in den heißen Backofen geben.

Schneiden Sie den Haddock quer in 1 cm breite Streifen.

Die Milch in einem Topf mit dem halben halbierten Zitronen-grasstengel sowie zwei Kaffirlimettenblättern, einer ganzen frischen angedrückten Knoblauchzehe sowie dem Timutpfef-fer einmal aufkochen lassen. Vom Feuer ziehen, die Haddock-stücke hinzufügen, 10 Min. abgedeckt ziehen lassen und warmstellen.

Geben Sie die Fischstücke in eine Schüssel und bepinseln Sie sie von allen Seiten mit Olivenöl. Warmstellen.

In einem großen Topf die Tom kha gai-Fischbouillon bei schwacher Hitze heiß werden lassen.

Kochen Sie die Paccheri 10 Min. in reichlich sprudelnd ko-chendem Salzwasser al dente, dann abgießen.

Die Paccheri in die Fischbouillon geben und vermengen, bis die Nudeln ganz und gar von der Bouillon ummantelt sind. Erst dann die Yuzubutter, die Strandastern und den Zitronen-saft unterrühren.

Geben Sie die Paccheri in eine große vorgewärmte Schale und richten Sie den heißen Haddock und die heißen geba-ckenen Tomaten darauf an. Mit Dillspitzen bestreuen, mit ein paar Spritzern Olivenöl beträufeln und sofort servieren.

Pennucce mit violetten Artischocken, Favabohnen & geräuchertem Lachs

Für 4 Personen
Vorbereitungszeit 35 Minuten
Kochzeit 15 Minuten

320 g Pennucce
6 kleine violette Artischocken mit Stiel
Saft von 1 Zitrone
300 g Favabohnen, gepalt
3 rote Shisoblätter
120 g Räucherlachs
½ Zitronengrasstengel
6 EL Olivenöl
1 Knoblauchzehe, frisch geschält
20 g Yuzubutter (S. 56)
200 ml Tom kha gai-Fischbouillon (S. 26)
einige Rucolablüten
Salz, Pfeffer

Die Artischocken am Stiel säubern, die Spitzen mit einem scharfen Messer abschneiden und die äußeren harten Blätter entfernen, ebenso ggf. das Heu. Artischocken in eine Schüssel mit kaltem Wasser und dem Zitronensaft geben, damit sie nicht oxidieren.

Blanchieren Sie die Favabohnen 30 Sek. in kochendem Salzwasser. Sofort in Eiswasser geben, damit der Garprozess unterbrochen wird, danach abtropfen lassen und die Haut der Bohnen entfernen.

Schneiden Sie die Shisoblätter mit einer Schere klein.

Schneiden Sie den Räucherlachs in 1½ cm große Würfel.

Schneiden Sie die Artischocken jeweils in 6 Teile.

Zitronengrasstengel waschen, trockenschütteln, die äußeren, harten grünen Blätter entfernen und der Länge nach halbieren.

In einer Pfanne 2 EL Olivenöl bei mittlerer Hitze heiß werden lassen, und das Zitronengras und die ganze Knoblauchzehe darin anschwitzen, die Artischocken hinzufügen, salzen und pfeffern und abgedeckt gute 2 Min. köcheln lassen. Dann den Deckel abnehmen und die Artischocken Farbe nehmen lassen, sie sollen leicht gebräunt sein.

Die Favabohnen in einen Topf geben und mit 20 g Yuzubutter in etwa 2 Min. bei mittlerer Hitze heiß werden lassen.

In einem großen Topf die Tom kha gai-Fischbouillon bei mittlerer Hitze heiß werden lassen.

Währenddessen kochen Sie die Pennucce etwa 8 Min. in reichlich sprudelnd kochendem Salzwasser al dente, dann abgießen.

Die Pennucce in die heiße Fischbouillon geben und vermengen, bis die Nudeln ganz und gar von der Bouillon ummantelt sind. Die Artischocken, Bohnen sowie den Räucherlachs unterrühren.

Die Nudeln in eine große vorgewärmte Schüssel geben, mit Rucolablüten und Shisoblättchen bestreuen, mit 4 EL Olivenöl beträufeln und sofort servieren.

Sobanudeln mit Kapern, Zitrone & Rotbarbenfilets

Für 4 Personen
Vorbereitungszeit 25 Minuten
Kochzeit 2 h 20

320 g Sobanudeln
1 kg Roma-Tomaten
10 g Puderzucker
180 ml Olivenöl
1 Zitronengrasstengel
3 frische Knoblauchzehen, feingehackt
2 Stengel getrockneter Oregano
½ gebackene Zitrone (S. 68)
1 EL in Essig eingelegte Kapern
Toast- oder Kastenweißbrot (im Stück)
100 ml Tom kha gai-Fischbouillon (S. 26)
60 g Basilikum-Pesto (S. 70)
6 Rotbarben-Filets (bitten Sie Ihren Fischhändler die Fische zu filetieren)
100 ml Traubenkernöl
einige Rucolablätter
Salz, Pfeffer

Backofen auf 100 °C Vorheizen.

Die Roma-Tomaten waschen, vierteln, entkernen und auf ein mit Backpapier ausgelegtes Backblech geben. Mit Salz und Pfeffer würzen, mit Puderzucker bestreuen und mit 40 ml Olivenöl vermengen.

Zitronengrasstengel waschen, trockenschütteln, die äußeren, harten grünen Blätter entfernen und der Länge nach vierteln. Den Zitronengrasstengel in einzelnen Segmenten sowie die gehackten Knoblauchzehen unter die Tomaten mischen und die Oreganostengel hinzufügen. Für 2 h 15 in den heißen Backofen geben, dabei insgesamt zweimal drehen. (Diese gebackenen Tomaten lassen sich sehr gut in einem Weckglas mit Olivenöl konservieren.)

Die gebackene Zitrone würfeln und mit den Kapern in 30 ml Olivenöl marinieren.

Das Brot in dünne Scheiben von 2 mm Dicke schneiden (das Brot 30 Min. vor dem Verarbeiten in den Gefrierschrank geben, dann lässt es sich leichter so dünn schneiden). Die Brotscheiben in Rechtecken von 2 x 1 cm schneiden. Die Brotscheiben von beiden Seiten mit insgesamt 50 ml Olivenöl bepinseln und unter den Backofengrill geben, bis sie von beiden Seiten goldbraun sind. Abkühlen lassen.

In einem großen Topf die Tom kha gai-Fischbouillon bei mittlerer Hitze heiß werden lassen und ein wenig reduzieren. Kochen Sie die Sobanudeln etwa 1 Min. in reichlich sprudelnd kochendem Salzwasser al dente, dann abgießen.

Die Sobanudeln in die heiße Fischbouillon geben und vermengen, bis die Nudeln ganz und gar von der Bouillon ummantelt sind. Erst dann das Pesto und 50 ml Olivenöl unterrühren.

In einer großen Pfanne das Traubenkernöl sehr heiß werden lassen und die Rotbarbenfilets 1 Min. darin anbraten.

Verteilen Sie die Sobanudeln auf vier Schalen und richten Sie die Rotbarbenfilets und heißen gebackenen Tomaten darauf an. Mit Zitronenwürfeln und Kapern, gerösteten Brotstücken und Rucolablättchen garnieren und sofort servieren.

Pasta & Käse

Coquillettes mit gegrillten Shiitakepilzen & altem Mimolette

Für 4 Personen
Vorbereitungszeit 10 Minuten
Kochzeit 15 Minuten

320 g Buchweizen-Coquillettes
4 Shiitakepilze
½ Zitronengrasstengel
3 EL Olivenöl
1 Knoblauchzehe
2 TL weißer Balsamico
100 ml Tom kha gai-Geflügelbouillon (S. 28)
8 Bärlauchblätter
100 g alter Mimolette
einige Rucolablüten
Salz

Die Shiitakepilze in 3 mm feine Streifen schneiden. Zitronengrasstengel waschen, trockenschütteln, die äußeren, harten grünen Blätter entfernen und der Länge nach halbieren.

In einer Pfanne 3 EL Olivenöl bei mittlerer Hitze heiß werden lassen, und das Zitronengras sowie die ganze Knoblauchzehe darin anschwitzen, die Shiitakepilzstreifen hinzufügen und in etwa 2 Min. bei schwacher Hitze schön Farbe nehmen lassen. Mit weißem Balsamico ablöschen und warmstellen.

In einem großen Topf die Tom kha gai-Geflügelbouillon bei mittlerer Hitze heiß werden lassen und um die Hälfte reduzieren.

Währenddessen kochen Sie die Buchweizennudeln etwa 7 Min. in reichlich sprudelnd kochendem Salzwasser al dente, dann abgießen.

Die Nudeln in die heiße Bouillonreduktion geben und vermengen, bis die Nudeln nach etwa 1 Min. ganz und gar von der Bouillon ummantelt sind. Erst dann die heißen Shiitakepilzstreifen unterrühren.

Die Nudeln auf vier Schalen verteilen, dann die Bärlauchblätter darauf anrichten und den alten Mimolette darüber reiben. Mit Rucolablüten bestreuen und sofort servieren.

Conchiglie mit Kürbis, Parmesan & karamellisierten Haselnüssen

Für 4 Personen
Vorbereitungszeit 25 Minuten
Kochzeit 35 Minuten

12 Conchiglie
600 g Butternut-Kürbis
1 Zitronengrasstengel
50 g würzige Pfefferbutter (S. 56)
½ weiße Zwiebel, feingehackt
1 Stengel Thai-Basilikum, abgezupft
5 EL Olivenöl
150 ml Tom kha gai-Geflügelbouillon (S. 28)
150 ml Vollmilch
50 g Butter
60 g Parmesan
50 g Senffrüchte mit Äpfeln
(Mostarda di Cremona S. 40)
Saft von ½ Zitrone
100 g alter Mimolette
einige karamellisierte würzige
Haselnüsse (S. 64)
2 Stengel Knoblauchgras
Salz

Den Kürbis schälen und würfeln.

Zitronengrasstengel waschen, trockenschütteln, die äußeren, harten grünen Blätter entfernen und der Länge nach halbieren. In einem Topf bei schwacher Hitze 40 g Pfefferbutter aufschäumen lassen und die gehackte Zwiebel, die Kürbiswürfel sowie das Zitronengras darin anschwitzen, abdecken und 25 Min. köcheln lassen.

Wenn die Kürbiswürfel beginnen, sich aufzulösen, das Zitronengras entfernen und das Kürbisfleisch sowie die Thai-Basilikumblättchen und 1 EL Olivenöl mit einer Gabel zerdrücken.

Kochen Sie die Geflügelbouillon mit der Milch einmal auf. Vom Feuer nehmen und 50 g Butter in Stückchen sowie den grob geraspelten Parmesan kräftig hineinrühren und abgedeckt warmhalten.

Mischen Sie die Senffrüchte mit 3 EL Olivenöl und dem Zitronensaft.

Den Mimolette mit einer Mikroreibe reiben.

Lassen Sie eine beschichtete Pfanne bei starker Hitze heiß werden, dann den Käse dünn und kreisförmig hineinstreuen. Sowie der Käse beginnt zu schmelzen und eine goldbraune Farbe annimmt, mit einem Spatel aus der Pfanne heben und zum Abkühlen auf Backpapier geben. Wenn der Cracker ganz und gar abgekühlt ist, in Stücke brechen.

Währenddessen kochen Sie die Conchiglie etwa 10 Min. in reichlich sprudelnd kochendem Salzwasser al dente, dann abgießen.

Die einzelnen Conchiglie mithilfe eines Löffels mit der Kürbismasse füllen.

In einer großen Pfanne bei starker Hitze 100 ml der Parmesanbouillon einmal aufkochen, Hitze reduzieren und die gefüllten Conchiglie 3–4 Min. darin köcheln lassen. Wenn die Nudeln gut ummantelt sind, fügen Sie noch 1 EL Olivenöl hinzu.

Die Conchiglie auf vier tiefere Teller verteilen, mit karamellisierten Haselnüssen und gehacktem Knoblauchgras bestreuen. Einige Kleckse der angemachten Senffrüchte sowie Stücke des Käsecrackers darauf anrichten.

Die restliche heiße Parmesanbouillon mit einem Pürierstab aufschäumen und rund um die Zutaten gießen. Sofort servieren.

Lasagnette mit Brocciu, Brokkoliröschen & gebackener Meyer-Zitrone

Für 4 Personen
Vorbereitungszeit 15 Minuten
Kochzeit 11 Minuten

320 g Lasagnette
100 g Mini-Brokkoli- oder Brokkoliröschen
160 g frische Erbsen, gepalt
100 ml Olivenöl
3 Stengel Thai-Basilikum, abgezupft + feingehackt
1 gebackene Meyer-Zitrone (S. 68)
80 g frischer Brocciu (korsischer Frischkäse, S. 58)
100 ml Tom kha gai-Geflügelbouillon (S. 28)
20 g leicht gesalzene Butter
einige getrocknete Oreganoblättchen
einige Minzblättchen
Salz, Timutpfeffer (S. 34)

Blanchieren Sie die Brokkoliröschen und die Erbsen getrennt in kochendem Salzwasser. Rechnen Sie 3 Min. für die Brokkoliröschen und 2 Min. für die Erbsen. Beide sofort in Eiswasser geben, damit der Garprozess unterbrochen wird, danach abtropfen lassen.

Mischen Sie 50 ml Olivenöl mit den feingehackten Basilikum-Blättchen.

Die gebackene Meyer-Zitrone kleinwürfeln und in 1 EL Olivenöl marinieren.

Schneiden Sie den frischen Brocciu vorsichtig mit einem spitzen Messer in dünne Scheiben.

In einem großen Topf die Tom kha gai-Geflügelbouillon einmal aufkochen lassen.

In einem Topf die Butter und 1 EL Olivenöl bei schwacher Hitze heiß werden lassen, die Erbsen und Brokkoliröschen hineingeben und in gut 1 Min. erhitzen.

Währenddessen kochen Sie die Lasagnette etwa 4 Min. in reichlich sprudelnd kochendem Salzwasser al dente, dann abgießen.

Die Nudeln in die heiße Bouillon geben und vermengen, bis die Nudeln nach etwa 1 Min. ganz und gar von der Bouillon ummantelt sind. Erst dann das heiße Gemüse unterrühren.

Die Lasagnette auf vier Teller verteilen, die Brocciuscheiben und die gewürfelten Zitronenstückchen darauf anrichten.

Das Ganze mit dem Basilikum-Olivenöl beträufeln, mit Oregano- und Minzblättchen bestreuen, pfeffern und sofort servieren.

Likenn mit Gorgonzola-creme, Champignons & Pak Choi

Für 4 Personen
Vorbereitungszeit 20 Minuten
Kochzeit 30 Minuten

320 g Buchweizen-Likenn
200 ml Sahne
100 g cremiger Gorgonzola
40 g Chorizo (S. 60)
4 Eigelb
4 TL Olivenöl
2 Pak Choi
160 g Zuchtchampignons
½ Zitronengrasstengel
20 g würzige Pfefferbutter (S. 56)
1 Knoblauchzehe, frisch geschält
200 ml Tom kha gai-Geflügelbouillon (S. 28)
20 g karamellisierte würzige Pekannüsse (S. 62)
Salz, Pfeffer

Stellen Sie die Gorgonzolacreme her: Dazu die Sahne in einem kleinen Topf einmal aufkochen lassen. Vom Feuer ziehen und den Gorgonzola hineingeben. Solange verrühren, bis eine glatte Creme entstanden ist. Geben Sie diese in einen Metallbehälter und halten ihn in einem Wasserbad warm. Backofen auf 60 °C vorheizen.

Schneiden Sie die Chorizo in sehr dünne Scheiben, wenn möglich so dünn wie Kartoffelchips.

Lassen Sie die Eigelb vorsichtig in kleine Souffléformen gleiten und geben jeweils 1 TL Olivenöl darauf. Die Förmchen mit Klarsichtfolie verschließen und bei 60 °C für 20 Min. in den Backofen geben.

Die Zuchtchampignons putzen.

Den Pak Choi putzen und in einzelne Blätter aufteilen. Zitronengrasstengel waschen, trockenschütteln, die äußeren, harten grünen Blätter entfernen und der Länge nach halbieren.

In einem Topf bei mittlerer Hitze die Pfefferbutter aufschäumen lassen und die ganze angedrückte Knoblauchzehe sowie das Zitronengras darin anschwitzen, die Champignons hinzufügen und 4–5 Min. köcheln lassen. Zum Schluss den Pak Choi hinzufügen, kurz heiß werden lassen und abschmecken. Vom Herd ziehen.

Währenddessen die Tom kha gai-Geflügelbouillon in einem Topf bei mittlerer Hitze um die Hälfte reduzieren.

Kochen Sie die Likenn etwa 2 Min. in reichlich sprudelnd kochendem Salzwasser al dente, dann abgießen.

Die Nudeln in die heiße Bouillon geben und vermengen, bis die Nudeln nach etwa 1 Min. ganz und gar von der Bouillon ummantelt sind. Erst dann die heißen Pilze und das Gemüse unterrühren.

Verteilen Sie die Pasta auf vier Suppenteller. Vorsichtig das Eigelb und die Chorizo-Scheiben darauf anrichten. Die heiße Gorgonzolacreme rund um die Zutaten gießen, mit den karamellisierten Pekannüssen bestreuen und sofort servieren.

Candele mit Parmesancreme, Senffrüchten & Pekannüssen

Für 4 Personen
Vorbereitungszeit 25 Minuten
Kochzeit 20 Minuten

6 Candele (lange dicke Makkaroni)
1 l Traubenkernöl (zum Frittieren)
2 kleine violette Artischocken mit Stiel
250 ml Sahne
15 g Butter
150 g Parmesan, grob gehackt
1 Eigelb
40 g Senffrüchte mit Äpfeln oder Birnen
(Mostarda di Cremona S. 40)
3 EL weißer Balsamico
gemahlener Kubebenpfeffer (S. 40)
12 Stangen grüner oder wilder Spargel
½ Zitronengrasstengel
2 EL Olivenöl
50 ml Tom kha gai-Geflügelbouillon (S. 28)
1 Stengel Dill, abgezupft
einige Rucolablätter
25 g karamellisierte würzige Pekannüsse (S. 62)
Salz, frisch gemahlener Pfeffer

Das Traubenkernöl in einem hohen Topf auf 180 °C erhitzen. Die Artischocken am Stiel säubern, die Spitzen mit einem scharfen Messer abschneiden und die äußeren harten Blätter entfernen, ebenso ggf. das Heu. Mit einer Mandoline in dünne Scheiben schneiden. Sofort 1½ Min. im heißen Öl frittieren und auf Küchenpapier abtropfen lassen.

Die Sahne in einem kleinen Topf einmal aufkochen lassen. Vom Feuer ziehen und Butter sowie Parmesan hineingeben und rühren, bis eine glatte Creme entstanden ist. In einen Metallbehälter geben und im Wasserbad warmhalten.

Das Eigelb mit den Senffrüchten und weißem Balsamico in einem kleinen Topf verrühren und bei schwacher Hitze auf etwa 55 °C erhitzen, bis die Masse leicht andickt, mit Kubebenpfeffer abschmecken und beiseitestellen.

Den Spargel putzen und vorsichtig glattschälen, die Spitzen abschneiden und halbieren, Zitronengrasstengel waschen, trockenschütteln, die äußeren, harten grünen Blätter entfernen und der Länge nach halbieren.

In einer Pfanne bei schwacher Hitze 1 EL Olivenöl heiß werden lassen, Zitronengras darin anschwitzen, Spargel hinzufügen, abschmecken und abgedeckt etwa 3–4 Min. köcheln lassen. Die Spargelstücken sollten jetzt gerade gar sein, aber noch Biss haben.

Währenddessen kochen Sie die Candele 7 Min. in reichlich sprudelnd kochendem Salzwasser al dente, abgießen und dritteln. Und gleichzeitig in einem großen Topf 50 ml Tom kha gai-Geflügelbouillon einmal aufkochen lassen.

Die Nudeln in die heiße Bouillon geben und vermengen, bis sie ganz und gar von der Bouillon ummantelt sind. Erst dann 1 EL Parmesancreme und 1 EL Olivenöl unterrühren.

Vier Teller mit der heißen Parmesancreme ausgießen, die Nudeln darauf verteilen und den Spargel, die frittierten Artischockenstücke sowie Dillspitzen und Rucolablättchen darauf anrichten. Mit karamellisierten Pekannüsse bestreuen, ein wenig der würzigen Ei-Mostardasauce angießen und mit gemahlenem Kubebenpfeffer würzen. Sofort servieren.

Spaghettoni mit Frühlings-zwiebeln, Lardo di Colonnata, Wachteleiern & Manchego

Für 4 Personen
Vorbereitungszeit 15 Minuten
Kochzeit 20 Minuten

320 g Spaghettoni
30 g Lardo di Colonnata (S. 60)
2 Frühlingszwiebeln
6 Shiitakepilze
½ Zitronengrasstengel
4 EL Olivenöl
1 Knoblauchzehe, frisch geschält
2 EL Apfelessig
4 Wachteleier
200 ml Tom kha gai-Geflügelbouillon (S. 28)
40 g Paniermehl
einige Knoblauchblüten
1 Prise getrockneter Oregano
40 g Manchego
Salz

Den Lardo di Colonnata ins Gefrierfach geben.
Die Frühlingszwiebel in dünne Scheiben schneiden.
Die Shiitakepilze putzen und achteln.
Zitronengrasstengel waschen, trockenschütteln, die äußeren, harten grünen Blätter entfernen und der Länge nach halbieren.
In einer Pfanne bei schwacher Hitze 2 EL Olivenöl heiß werden lassen, und die Knoblauchzehe sowie das Zitronen-gras darin anschwitzen, die Shiitakepilze hinzufügen und in etwa 4 Min. schön Farbe nehmen lassen. Mit Apfelessig ablö-schen und warmstellen.
Kochen Sie die Spaghettoni etwa 11 Min. in reichlich spru-delnd kochendem Salzwasser al dente, dann abgießen.
Währenddessen in einem großen Topf die Tom kha gai-Ge-flügelbouillon einmal aufkochen lassen. Die Nudeln in die heiße Bouillon geben und vermengen, bis die Nudeln nach etwa 1 Min. ganz und gar von der Bouillon ummantelt sind.
Die Wachteleier in einer kleinen Pfanne bei schwacher Hitze in 2 EL Olivenöl braten.
Den Lardo di Colonnata in hauchdünne Scheiben schneiden.
Die Spaghettoni auf vier Schalen verteilen. Die Shiitakepilze, Wachteleier und Lardoscheiben darauf anrichten. Mit Früh-lingszwiebelscheibchen, Knoblauchblüten und getrocknetem Oregano bestreuen. Mit der Mikroreibe Manchego darüber reiben und sofort servieren.

Mezze maniche gefüllt mit Tomaten- und Zucchinipaste, dazu korsischer Tomme

Für 4 Personen Vorbereitungszeit
20 Minuten
Kochzeit 30 Minuten
Marinierzeit 2 h (+ Ruhezeit 1 h 05)

320 g Mezze maniche
4 junge Zwiebeln, feingehackt
4 grüne Zucchini (aus Nizza)
½ Zitronengrasstengel
11 EL Olivenöl
2 Knoblauchzehen, frisch geschält
2 Stengel Thai-Basilikum, abgezupft
1 Handvoll Rucola
1 Handvoll Portulakblätter
60 g korsischer Tomme
200 g Tomaten-Ingwerpaste (S. 70)
Saft von 1 Zitrone
2 EL weißer Balsamico
2 frittierte Auberginen (S. 66)
Salz, Pfeffer

Die Zucchini schälen. Das Zucchinifleisch feinwürfeln und die Schale feinhacken.

Zitronengrasstengel waschen, trockenschütteln, die äußeren, harten grünen Blätter entfernen und der Länge nach halbieren.

In einer Pfanne bei mittlerer Hitze 3 EL Olivenöl heiß werden lassen, und die ganzen angedrückten Knoblauchzehen sowie das Zitronengras darin anschwitzen, die gehackten Zwiebel- und Zucchinistückchen (nicht die Zucchinihaut) hinzufügen und bei hoher Hitze in 2–3 Min. anbraten, ohne dass sie Farbe nehmen. Hitze reduzieren und abgedeckt bei schwacher Hitze etwa 15 Min. garköcheln, dabei immer wieder rühren und keine Farbe nehmen lassen. Abschmecken und beiseitestellen.

Nun die Zucchinihaut bei hoher Hitze 30 Sek. in 2 EL Olivenöl braten. Abkühlen lassen und etwa 15 Min. in den Gefrierschrank geben, damit die schöne grüne Farbe erhalten bleibt.

Die Zucchiniwürfelchen sollten nun schön weich sein, diese mit einer Gabel gut zerdrücken und für etwa 30 Min. in den Kühlschrank geben.

Mischen Sie das Zucchinifleisch mit der Zucchinihaut und den mit einer Schere kleingeschnittenen Thai-Basilikumblättchen.

Kochen Sie die Mezze maniche etwa 10 Min. in reichlich sprudelnd kochendem Salzwasser al dente, dann abgießen, mit 3 EL Olivenöl sorgfältig vermengen, mit Klarsichtfolie abdecken und etwa 20 Min. im Kühlschrank auskühlen lassen.

Rucola- und Portulakblätter putzen. Vom korsischen Tomme mit einem Sparschäler Späne abschneiden. Mit einem Spritzbeutel die eine Hälfte der Mezze maniche mit Tomaten-Ingwerpaste füllen, und die andere Hälfte mit der Zucchinimasse. Für 2 Std. im Kühlschrank kaltstellen.

Bereiten Sie aus dem Zitronensaft, weißem Balsamico und 3 EL Olivenöl eine Vinaigrette, mit Salz und Pfeffer abschmecken.

Verteilen Sie die gefüllte Pasta auf vier Teller. Mit Rucola- und Portulakblättchen sowie den Spänen vom korsischen Tomme und Auberginenchips anrichten, mit der Vinaigrette beträufeln und servieren.

Fusilli mit Sobrasada & Pecorino

Für 4 Personen
Vorbereitungszeit 10 Minuten
Kochzeit 15 Minuten

320 g Fusilli
120 g Shiitakepilze
100 g Sobrasada
(luftgetrocknete Rohwurst S. 60)
2 Stengel Knoblauchgras
½ Zitronengrasstengel
2 EL Olivenöl
200 ml Tom kha gai-Geflügelbouillon (S. 28)
2 Stengel Thai-Basilikum, abgezupft
1 TL Fenchelsamen
80 g Pecorino
1 Stück indischer Langer Pfeffer (S. 34)
Salz

Die Shiitakepilze putzen und in 3 mm dünne Streifen schneiden.

Die Sobrasada mit einem großen Messer grobhacken.

Das Knoblauchgras feinhacken.

Zitronengrasstengel waschen, trockenschütteln, die äußeren, harten grünen Blätter entfernen und der Länge nach halbieren.

In einer Pfanne bei schwacher Hitze 2 EL Olivenöl heiß werden lassen, und das Zitronengras darin anschwitzen, die Shiitakepilzstreifen hinzufügen und in etwa 3 Min. schön Farbe nehmen lassen. Vom Feuer ziehen, die Sobrasada hinzufügen und gut vermengen, warmstellen.

Kochen Sie die Fusilli etwa 9 Min. in reichlich sprudelnd kochendem Salzwasser al dente, dann abgießen.

Währenddessen in einem großen Topf die Tom kha gai-Geflügelbouillon einmal aufkochen lassen.

Die Nudeln in die heiße Bouillon geben und vermengen, bis die Nudeln nach etwa 1 Min. ganz und gar von der Bouillon ummantelt sind. Die Shiitakepilzstreifen, Sobrasada und das gehackte Knoblauchgras sorgfältig unterrühren.

Die Fusilli auf vier Teller verteilen, mit Thai-Basilikumblättchen und Fenchelsamen bestreuen. Pecorino mit einer Mikroreibe darüber reiben, ebenso den indischen Langen Pfeffer und sofort servieren.

Rigatoni mit vier Käsesorten

Für 4 Personen
Vorbereitungszeit 20 Minuten
Kochzeit 20 Minuten

320 g Rigatoni
200 ml Sahne
100 g cremiger Gorgonzola
60 g Pecorino
60 g alter Mimolette
60 g alter Cantal
1 Handvoll wilder Rucola
100 ml Olivenöl
200 ml Tom kha gai-Geflügelbouillon (S. 28)
60 g geröstetes Pankomehl (S. 62)
einige Schnittlauchblüten
2 Stengel Thai-Basilikum, abgezupft
2 Stengel violettes Basilikum, abgezupft
Salz, Pfeffer

Stellen Sie die Gorgonzolacreme her: Dazu die Sahne in einem kleinen Topf einmal aufkochen lassen. Vom Feuer ziehen und den Gorgonzola hineingeben. Solange verrühren, bis eine glatte Creme entstanden ist. Geben Sie diese in einen Metallbehälter und halten ihn in einem Wasserbad warm.

Den Pecorino mit einer Mikroreibe reiben.

Lassen Sie eine beschichtete Pfanne bei starker Hitze heiß werden, dann den Käse dünn und kreisförmig hineinstreuen. Sowie der Käse beginnt zu schmelzen und eine goldbraune Farbe annimmt, mit einem Spatel aus der Pfanne heben und zum Abkühlen auf Backpapier geben. Wenn der Cracker ganz und gar abgekühlt ist, in Stücke brechen.

Den Mimolette und Cantal mit einer Mikroreibe reiben. Und aus dieser Käsemischung wie zuvor Cracker zubereiten.

Den wilden Rucola putzen, feinhacken, mit dem Olivenöl vermengen und abschmecken.

Kochen Sie die Rigatoni etwa 9 Min. in reichlich sprudelnd kochendem Salzwasser al dente, dann abgießen.

Währenddessen in einem großen Topf die Tom kha gai-Geflügelbouillon einmal aufkochen lassen. Die Nudeln in die heiße Bouillon geben und vermengen, bis die Nudeln nach etwa 1 Min. ganz und gar von der Bouillon ummantelt sind. Gießen Sie eine vorgewärmte Auflaufform mit fast der gesamten Gorgonzolacreme aus. Die Nudeln darauf verteilen, mit den Käsecrackern, dem gerösteten Pankomehl, den Schnittlauchblüten sowie den Basilikumblättchen garnieren. Geben Sie einige Kleckse der Gorgonzolacreme auf die Pasta sowie einige Spritzer Rucolaöl. Sofort servieren.

Pasta mit Pilzen & Kräutern

Tubetti rigati mit Pilzen, Spinat & Safran

Für 4 Personen
Vorbereitungszeit 30 Minuten
Kochzeit 24 Minuten

320 g Tubetti rigati
200 g Pfifferlinge
200 g Maipilze (Georgsritterling)
2 junge Schalotten
einige junge Spinatblätter
2 Schnittlauchstengel, feingehackt
1 Zitronengrasstengel
4 EL Olivenöl
2 frische Knoblauchzehen
einige Safranfäden
200 ml Tom kha gai-Geflügelbouillon (S. 28)
40 g würzige Pfefferbutter (S. 56)
60 g Nori-Algenpaste
Salz, Pfeffer

Pfifferlinge und Maipilze putzen und zwei Mal in klarem Wasser waschen. Schalotten schälen und in Scheiben schneiden.

Spinat putzen und sorgfältig zweimal in klarem Wasser waschen.

Zitronengrasstengel waschen, trockenschütteln, die äußeren, harten grünen Blätter entfernen und der Länge nach halbieren. In einer Pfanne bei mittlerer Hitze 2 EL Olivenöl heiß werden lassen, und einen halben Zitronengrasstengel sowie eine ganze angedrückte Knoblauchzehe anschwitzen, die Pfifferlinge hinzufügen und bei hoher Hitze etwa 2–3 Min. anbraten, abschmecken. Wenn das Pilzwasser ausgetreten ist, Pilze abtropfen lassen, den Saft auffangen und beides beiseitestellen. Geben Sie 2 EL Olivenöl in die noch heiße Pfanne mit dem Zitronengras und der Knoblauchzehe, und braten Sie nun die Maipilze bei hoher Hitze etwa 2–3 Min. an, abschmecken. Wenn das Pilzwasser ausgetreten ist, Pilze abtropfen lassen, den Saft auffangen und beides beiseitestellen.

Reduzieren Sie den aufgefangenen Pilzsaft bei mittlerer Hitze mit den Safranfäden in einem Topf um die Hälfte, dann die Tom kha gai-Geflügelbouillon angießen und einmal aufkochen lassen.

Kochen Sie die Tubetti rigati 10 Min. in reichlich sprudelnd kochendem Salzwasser al dente, dann abgießen.

Währenddessen in einer großen Pfanne bei mittlerer Hitze die Pfefferbutter aufschäumen lassen, das restliche Zitronengras und eine ganze angedrückte Knoblauchzehe darin anschwitzen, die Pilze hinzufügen und 2–3 Min. unter ständigem Rühren Farbe nehmen lassen, die gehackten Schalotten hinzufügen und 1 Min. anbraten. Vom Feuer ziehen und die Frühlingszwiebeln sowie den Babyspinat unterrühren.

Die Tubetti rigati in die heiße Geflügelbouillon geben und vermengen, bis die Nudeln nach etwa 1 Min. ganz und gar von der Bouillon ummantelt sind.

Die Nudeln auf vier Schalen verteilen, die Pilze und den Babyspinat darauf anrichten, einige Kleckse Noripaste auf die Nudeln geben und sofort servieren.

Candele mit Pfifferlingen, gebackenen Tomaten & Yuzubutter

Für 4 Personen
Vorbereitungszeit 40 Minuten
Kochzeit 2 h 45

320 g Candele (lange dicke Makkaroni)
1 kg Roma-Tomaten
10 g Puderzucker
60 ml Olivenöl
4 Knoblauchzehen
2 Zitronengrasstengel
2 Stengel getrockneter Oregano
150 g Pfifferlinge
2 Violin-Zucchini
3 Salbeiblätter
2 Frühlingszwiebeln oder 2 violette Zwiebeln
40 g Butter
200 ml Tom kha gai-Geflügelbouillon (S. 28)
50 g Yuzubutter (S. 56)
1 TL geröstete Fenchelsamen
(für 30 Sek. in eine heiße Pfanne geben,
damit sich ihr Aroma entfaltet)
2 Stengel Thai-Basilikum, abgezupft
Salz, Pfeffer

Backofen auf 100 °C vorheizen. Die Roma-Tomaten waschen, vierteln, entkernen und auf ein mit Backpapier ausgelegtes Backblech geben. Salzen, pfeffern, mit Puderzucker bestäuben und mit 40 ml Olivenöl vermengen Zitronengrasstengel putzen, der Länge nach vierteln und in einzelnen Segmenten mit 3 gehackten Knoblauchzehen daruntermischen und die Oreganostengel hinzufügen. Für 2 h 15 in den heißen Backofen geben, dabei insgesamt zweimal drehen. (Diese gebackenen Tomaten halten sich gut in einem Weckglas mit Olivenöl.)

Die Pfifferlinge putzen und zweimal in klarem Wasser waschen. Zucchini putzen, in 3 mm dicke Scheiben schneiden. In einer Pfanne bei mittlerer Hitze in 2 EL Olivenöl einen halben Zitronengrasstengel sowie eine halbe angedrückte Knoblauchzehe anschwitzen, die Pfifferlinge hinzufügen und bei hoher Hitze etwa 2–3 Min. anbraten, abschmecken. Wenn das Pilzwasser ausgetreten ist, Pilze abtropfen lassen, den Saft auffangen und beides beiseitestellen.

Kochen Sie die Candele 7 Min. in reichlich sprudelnd kochendem Salzwasser al dente, dann abgießen, auf die Größe der Servierschale zuschneiden und beiseitestellen.

In einer großen Pfanne bei mittlerer Hitze die Butter aufschäumen lassen und die restliche halbe angedrückte Knoblauchzehe anschwitzen, Pfifferlinge dazugeben und unter ständigem Rühren 3–4 Min. anbräunen.

In einer weiteren Pfanne bei mittlerer Hitze 2 EL Olivenöl heiß werden lassen, und das restliche Zitronengras anschwitzen, die Zucchinischeiben hinzufügen und in 2–3 Min. leicht anbräunen. Die Pfanne vom Feuer ziehen und die violetten Zwiebelringe unterrühren.

Währenddessen die Tom kha gai-Geflügelbouillon mit dem Pilzsaft einmal aufkochen lassen, die Candele in die heiße Geflügelbouillon geben und vermengen, bis die Nudeln nach etwa 1 Min. ganz und gar von der Bouillon ummantelt sind. Erst dann die Yuzubutter, den gehackten Salbei und die Fenchelsamen unterrühren.

Die Candele in eine große vorgewärmte Auflaufform geben, die Pilze, Zucchini und gebackenen heißen Tomaten darauf anrichten, mit Thai-Basilikumblättchen bestreuen und sofort servieren.

Dischi volanti mit Mairitterlingen & wildem Spargel in Sauerampferbouillon

Für 4 Personen
Vorbereitungszeit 20 Minuten
Kochzeit 20 Minuten

320 g Dischi volanti (fliegende Untertassen)
150 g Maipilze (Mairitterlinge)
6 violette Zwiebeln
20 Stangen wilder Spargel (1 Bund)
½ Zitronengrasstengel
45 g Butter
1 Schalotte, feingehackt
einige Blätter Tetragonia oder gelber Spinat
300 ml Tom kha gai-Geflügelbouillon (S. 28)
1 Handvoll frischer Sauerampfer
einige Kohlblüten
Salz, Pfeffer

Maipilze putzen und zweimal in klarem Wasser waschen. Violette Zwiebeln schälen und halbieren. Die Enden des wilden Spargels abschneiden. In einer heißen Pfanne 15 g Butter bei mittlerer Hitze aufschäumen lassen und die Maipilze anbraten, bis das Pilzwasser ausgetreten ist, Pilze abtropfen lassen und beiseitestellen. Zitronengrasstengel waschen, trockenschütteln, die äußeren, harten grünen Blätter entfernen und der Länge nach halbieren.

In einer Pfanne bei schwacher Hitze 30 g Butter aufschäumen lassen, das Zitronengras und die feingehackte Schalotte darin anschwitzen, die Pilze, den wilden Spargel und die violetten Zwiebelhälften hinzufügen und 3–4 Min. anbraten. Abschmecken. Vorsichtig umrühren, vom Feuer ziehen und die Tetragoniablätter sanft unterrühren.

100 ml Tom kha gai-Geflügelbouillon mit den Sauerampferblättern einmal aufkochen lassen, durch ein Sieb abgießen und beiseitestellen.

Kochen Sie die Dischi volanti 8 Min. in reichlich sprudelnd kochendem Salzwasser al dente, dann abgießen.

Die restlichen 200 ml Tom kha gai-Geflügelbouillon bei mittlerer Hitze heiß werden lassen, die Dischi volanti in die heiße Bouillon geben und vermengen, bis die Nudeln nach etwa 1 Min. ganz und gar von der Bouillon ummantelt sind.

Die Nudeln auf vier Suppenschalen verteilen, Pilze, Zwiebeln, wilder Spargel, Tetragoniablätter und Kohlblüten darauf anrichten. Die heiße Sauerampferbouillon mit einem Pürierstab aufschäumen, rund um die Zutaten gießen und sofort servieren.

Pappardelle mit Algen, Zitronatzitrone & japanischer Vinaigrette

Für 4 Personen
Vorbereitungszeit 15 Minuten
Kochzeit 4 Minuten

320 g Buchweizen-Pappardelle
100 ml Reisessig
80 g Zucker
100 ml Wasser
1 Kombu-Algenblatt
½ violette Zwiebel
20 g Aosa-Algen
120 ml Tosazusauce (S. 40)
3 Frühlingszwiebeln
½ Zitronatzitrone
4 EL Ponzusauce (S. 40)
4 EL Olivenöl
2 EL Sesamöl

In einem Topf bei mittlerer Hitze Reisessig, Zucker, Wasser und das Kombu-Algenblatt einmal aufkochen lassen.

Die violette Zwiebel schälen, in ihre einzelnen Segmente aufteilen, diese in die heiße Kombu-Algenmarinade geben und abkühlen lassen.

Weichen Sie die Aosa-Algen in 60 ml Tosazusauce ein. Frühlingszwiebeln in feine Scheiben schneiden.

Die halbe Zitronatzitrone in hauchdünne Scheibchen schneiden.

Bereiten Sie eine Vinaigrette aus 4 EL Kombu-Algenmarinade, 4 EL Ponzusauce, 60 ml Tosazusauce, 4 EL Olivenöl und 2 EL Sesamöl zu, alles sehr sorgfältig miteinander verrühren.

Die Kombu-Alge in der Essigmarinade feinhacken.

Kochen Sie die Pappardelle etwa 2 Min. in reichlich sprudelnd kochendem Salzwasser al dente, dann abgießen und in einer großen Schüssel mit der Vinaigrette vermengen.

Verteilen Sie die abgetropften Pappardelle (Vinaigrette auffangen) auf vier Schalen oder auf einen Soba-Dämpfkorb, richten Sie die Aosa-Algen, die gehackten Kombu-Algen, die eingelegten violetten Zwiebeln sowie die Zitronatzitronenscheiben darauf an. Mit Frühlingszwiebelscheibchen bestreuen.

Sofort servieren und die restliche Vinaigrette dazu reichen.

Frische Pasta mit Kräuterinklusion, Morchelragout & Sauerampfer

Für 4 Personen
Vorbereitungszeit 40 Min.
Kochzeit 20 Min.
(siehe großes Foto S. 15)

70 g Hartweizenmehl
30 g Khorasan-Weizenmehl
etwa 45 ml Wasser
200 g frische Morcheln
2 Schalotten feingehackt
40 g würzige Pfefferbutter (S. 56)
½ Zitronengrasstengel
1 Knoblauchzehe, frisch geschält
200 ml Tom kha gai-Geflügelbouillon (S. 28)
2 Stengel Dill, abgezupft
2 Stengel glatte Petersilie, abgezupft
3 Stengel Koriandergrün, abgezupft
einige Bärlauchblätter
einige Sauerampferblätter
Salz, frisch gemahlener Pfeffer

Die Mehlsorten in einer Schüssel miteinander vermengen, eine Mulde hineindrücken, vorsichtig das Wasser hineingießen und mit Mehl vermengen, bis eine Art Teig entstanden ist. Diesen auf eine bemehlte Arbeitsfläche geben und kräftig verkneten, dabei den Teig mit den Handballen immer wieder herunterdrücken und kneten und falten, bis ein elastischer geschmeidiger Teig entstanden ist. Den Teig in ein Tuch einschlagen und 30 Min. im Kühlschrank ruhen lassen.
Die Morcheln 4–5-mal in kaltem Wasser gründlich waschen, bis aller Sand entfernt ist.
Zitronengrasstengel waschen, trockenschütteln, die äußeren, harten Blätter entfernen und der Länge nach halbieren.
In einer Pfanne die Pfefferbutter bei mittlerer Hitze aufschäumen lassen, Zitronengras, die angedrückte Knoblauchzehe und die gehackte Schalotte darin anschwitzen, die Morcheln hinzufügen und abgedeckt 5 Min. anbraten. 50 ml Tom kha gai-Geflügelbouillon angießen und abgedeckt bei schwacher Hitze 5 Min. köcheln lassen. Abschmecken und warmstellen.
Den Teig aus dem Kühlschrank holen, zu einer rechteckigen Form flachdrücken und halbieren. Drehen Sie nun die beiden Teigstücke mehrfach durch eine Nudelmaschine, dabei sukzessive die Öffnung verkleinern, bis die Teigstücke jeweils die Dicke einer Lasagnenudel haben. Geben Sie eine der Nudelplatten auf eine gut bemehlte Arbeitsfläche und verteilen Sie die Kräuter (Dillspitzen, Petersilie- und Korianderblättchen) gleichmäßig darauf. Belegen Sie diese mit der zweiten Nudelplatte. Fest andrücken, erneut durch die Nudelmaschine drehen und dann in Quadrate von 4 cm Länge schneiden.
In einem großen Topf die restliche Tom kha gai-Geflügelbouillon bei starker Hitze um ein Viertel reduzieren.
Kochen Sie die Nudeln etwa 2 Min. in reichlich sprudelnd kochendem Salzwasser al dente, dann abgießen und ganz vorsichtig mit einer Schaumkelle in die reduzierte Bouillon geben, bis die Nudeln nach etwa 1 Min. ganz und gar von der Bouillon ummantelt sind.
Die Pastaquadrate auf vier Suppenschalen verteilen, das Morchelragout, Koriandergrünblättchen sowie Knoblauch- und Sauerampferblätter darauf anrichten, mit der heißen Pilzbouillon umgießen und sofort servieren.

Orecchiette mit thailändischer Pilzbouillon & Macadamianüssen

Für 4 Personen
Vorbereitungszeit 20 Minuten
Kochzeit 30 Minuten

320 g Orecchiette
150 g Semmel-Stoppelpilze
150 g Herbsttrompete
2 Shiitakepilze
150 g Pfifferlinge
4 Schalotten
2 Stengel Knoblauchgras
½ Zitronengrasstengel
4 EL Olivenöl
1 Knoblauchzehe, frisch geschält
60 g Butter
1 EL weißer Balsamico
200 ml Tom kha gai-Geflügelbouillon (S. 28)
3 Stengel frittierte Curryblätter (S. 64)
50 g karamellisierte würzige Macadamianüsse (S. 64)
Salz, Pfeffer

Die Semmel-Stoppelpilze, Herbsttrompeten und Pfifferlinge putzen und zweimal in klarem Wasser waschen.
Shiitakepilze putzen.
Schalotten schälen und in etwa 5 mm dicke Ringe schneiden.
Knoblauchgras feinhacken.
Zitronengrasstengel waschen, trockenschütteln, die äußeren, harten grünen Blätter entfernen und der Länge nach halbieren. In einer Pfanne 2 EL Olivenöl bei mittlerer Hitze heiß werden lassen, Zitronengras und die angedrückte Knoblauchzehe darin anschwitzen, fügen Sie die Semmel-Stoppelpilze hinzu und bei hoher Hitze etwa 2–3 Min. anbraten, abschmecken. Wenn das Pilzwasser ausgetreten ist, den Saft auffangen.
Wiederholen Sie diesen Vorgang mit den Herbstrompeten, diesmal jedoch ohne den Saft aufzufangen.
In einer Pfanne 20 g Butter bei mittlerer Hitze heiß werden lassen, und die Schalottenringe von jeder Seite 2 Min. anbraten. Die Pfanne abdecken und bei schwacher Hitze 5 Min. köcheln lassen. Mit weißem Balsamico ablöschen und vom Feuer ziehen.
Die Shiitakepilze kleinwürfeln.
Die Tom kha gai-Geflügelbouillon einmal aufkochen lassen und den Pilzsaft hinzufügen.
Kochen Sie die Orecchiette 10 Min. in reichlich sprudelnd kochendem Salzwasser al dente.
Währenddessen in einer großen Pfanne bei mittlerer Hitze die restlichen 40 g Butter aufschäumen lassen und die Pilze 3–4 Min. unter ständigem Rühren anbraten. Abschmecken.
Die Orecchiette abgießen, zur Geflügelbouillon geben und vermengen, bis die Nudeln nach etwa 1 Min. ganz und gar von der Bouillon ummantelt sind. Erst dann Pilze und Schalotten unterrühren.
Die Orecchiette auf vier Schalen verteilen, mit frittierten Curryblättern und karamellisierten Macadamianüssen anrichten und sofort servieren.

Lasagnette mit Morcheln & Sobrasada

Für 4 Personen
Vorbereitungszeit 15 Minuten
Kochzeit 15 Minuten

320 g Lasagnette
80 g Sobrasada (luftgetrocknete Rohwurst S. 60)
1 Schalotte
2 Stengel Knoblauchgras
1 Frühlingszwiebel
300 g frische Morcheln
½ Zitronengrasstengel
40 g leicht gesalzene Butter
150 ml Tom kha gai-Geflügelbouillon (S. 28)
einige Bärlauchblätter
Salz

Geben Sie die Sobrasada 15 Min. in den Gefrierschrank, dann lässt sie sich leichter schneiden.

Schalotten schälen und würfeln.

Knoblauchgras und Frühlingszwiebeln in Streifen schneiden. Die Morcheln 4–5 Mal in kaltem Wasser gründlich waschen, bis aller Sand entfernt ist.

Zitronengrasstengel waschen, trockenschütteln, die äußeren, harten grünen Blätter entfernen und der Länge nach halbieren.

In einer Pfanne die gesalzene Butter bei mittlerer Hitze aufschäumen lassen, das Zitronengras und die gehackte Schalotte darin anschwitzen, die Pilze hinzufügen und abgedeckt etwa 5 Min. köcheln lassen, bis das Pilzwasser ausgetreten ist. Den Saft auffangen und mit der Tom kha gai-Geflügelbouillon in einen Topf geben.

Die Bouillon bei schwacher Hitze um die Hälfte reduzieren, dann die Morcheln hinzufügen.

Die Sobrasada feinwürfeln.

Währenddessen kochen Sie die Lasagnette etwa 4 Min. in reichlich sprudelnd kochendem Salzwasser al dente, dann abgießen. Die Lasagnette in die heiße Bouillon mit den Morcheln geben, bis die Nudeln nach etwa 2 Min. ganz und gar von der Bouillon ummantelt sind.

Die Lasagnette auf vier Schalen verteilen und mit Knoblauchgras, Frühlingszwiebeln, Pilzen, Sobrasada, Bärlauchblättchen sowie -blüten anrichten. Sofort servieren.

Casarecce mit Pfifferlingen & karamellisierten Cashewnüssen

Für 4 Personen
Vorbereitungszeit 20 Minuten
Kochzeit 18 Minuten

320 g Casarecce
1 Kräuterseitling
2 Zuchtchampignons
150 g frische Pfifferlinge
1 Schalotte
1 Lauchzwiebel
½ Zitronengrasstengel
30 g Butter
1 Knoblauchzehe, frisch geschält
2 EL Olivenöl
2 junge Zwiebeln
100 ml Tom kha gai-Geflügelbouillon (S. 28)
1 Stengel Koriandergrün, abgezupft
2 rote Shisoblätter, kleingeschnitten
Zitrusfruchtpulver (oder Piment d'Espelette S. 220) oder 1 Bergamottezeste
25 g karamellisierte würzige Cashewnüsse
Salz

Den Kräuterseitling vierteln.

Die Zuchtchampignons putzen.

Die Pfifferlinge putzen und zwei Mal in klarem Wasser waschen.

Die Schalotten schälen und feinhacken.

Das Grüne der Lauchzwiebeln entfernen und die Zwiebeln vierteln.

Zitronengrasstengel waschen, trockenschütteln, die äußeren, harten grünen Blätter entfernen und der Länge nach halbieren.

In einer Pfanne bei mittlerer Hitze die Butter aufschäumen lassen, und die angedrückte ganze Knoblauchzehe sowie das Zitronengras darin anschwitzen, die Pfifferlinge hinzufügen und 2–3 Min. Farbe nehmen lassen. Wenn sie etwas angebräunt sind, die gehackte Schalotte hinzufügen.

In einer Pfanne bei mittlerer Hitze 2 EL Olivenöl heiß werden lassen, und die Kräuterseitlingsviertel 2–3 Min. darin anbraten. Das Zwiebelviertelchen dazugeben und braten, bis sie in einzelne Blättchen zerfallen (das geht sehr schnell). Warmstellen.

Kochen Sie die Casarecce etwa 10 Min. in reichlich sprudelnd kochendem Salzwasser al dente, dann abgießen.

Währenddessen in einem großen Topf die Tom kha gai-Geflügelbouillon einmal aufkochen lassen, die Casarecce in die heiße Bouillon geben und vermengen, bis die Nudeln nach etwa 2 Min. ganz und gar von der Bouillon ummantelt sind. Währenddessen die Zuchtchampignons mit einer Mandoline in feinste Scheiben schneiden.

Die Casarecce auf vier Schalen verteilen. Die Pilze und Zwiebelblättchen darauf anrichten, mit Korianderblättchen, Shisoblättchen, Zitrusfruchtpulver und karamellisierten Cashewnüssen bestreuen. Sofort servieren.

Tubetti rigati in thailändischer Minestrone mit Shimejipilzen

Für 4 Personen
Vorbereitungszeit 10 Minuten
Kochzeit 20 Minuten

200 g Tubetti rigati
80 cl Tom kha gai-Geflügelbouillon (S. 28)
1 Zitronengrasstengel
50 ml Tosazusauce (S. 40)
1 TL grüne Yuzukoshōpaste (S. 40)
200 g Erbsen, gepalt
1 Päckchen weiße Shimejipilze
1 Päckchen braune Shimejipilze
4 Mini-Zucchini
2 EL Olivenöl
1 Knoblauchzehe, frisch geschält
2 Spitzkohlherzen
1 TL Sesamöl
1 Stengel Koriandergrün, abgezupft
1 Stengel Thai-Basilikum, abgezupft
einige Koriander- und Rucolablüten und -blätter
Salz

Die Tom kha gai-Geflügelbouillon einmal aufkochen lassen. Zitronengrasstengel waschen, trockenschütteln, die äußeren, harten grünen Blätter entfernen und der Länge nach halbieren.

Einen halben Zitronengrasstengel mit der Tosazusauce und der Yuzukoshōpaste in die Bouillon geben und ziehen lassen. Die Erbsen 3 Min. in einem großen Topf in kochendem Salzwasser blanchieren, sofort in Eiswasser geben, damit der Garprozess unterbrochen wird, danach abtropfen lassen.

Die Shimejipilze entstielen.

Die Mini-Zucchini putzen und in 2 mm dünne Scheiben schneiden.

In einer Pfanne 2 EL Olivenöl bei mittlerer Hitze heiß werden lassen und die ganze angedrückte Knoblauchzehe sowie das Zitronengras darin anschwitzen. Fügen Sie die Shimejipilze, die Kohlherzenblätter, und Zucchinischeibchen hinzu und 3–4 Min. köcheln lassen. Abschmecken.

Kochen Sie die Tubetti rigati 6 Min. in reichlich sprudelnd kochendem Salzwasser, dann abgießen. Währenddessen die Geflügelbouillon noch einmal heiß werden lassen.

Die Nudeln mit 1 TL Sesamöl, dem Gemüse und den Pilzen gründlich vermengen, auf vier Suppenschalen verteilen. Sofort die heiße Tom kha gai-Geflügelbouillon angießen, mit Koriander- und Thai-Basilikumblättchen sowie den Blüten bestreuen und servieren.

Rigatoni gefüllt mit Champignons, dazu Chorizoscheiben

Für 4 Personen
Vorbereitungszeit 25 Minuten
Kochzeit 25 Minuten

20 Rigatoni
500 g Zuchtchampignons
1 Schalotte
50 g Butter
1 Zitronengrasstengel
150 ml Tom kha gai-Geflügelbouillon (S. 28)
10 Thai-Basilikumblätter, feingehackt
einige frittierte Basilikumblätter (folgen Sie der Anleitung für die frittierten Curryblätter auf S. 64)
50 g Basilikum-Pesto (S. 70)
25 karamellisierte würzige Haselnüsse (S. 64)
8 dünne Scheiben Chorizo (S. 60)
Salz, Pfeffer

Zuchtchampignons putzen und in Scheiben schneiden. Schalotten schälen und feinhacken.

Zitronengrasstengel waschen, trockenschütteln, die äußeren, harten grünen Blätter entfernen und der Länge nach halbieren.

In einer Pfanne die Butter bei mittlerer Hitze aufschäumen lassen, und das Zitronengras darin anschwitzen. Fügen Sie die Champignonscheiben hinzu, mit Salz und Pfeffer würzen und bei hoher Hitze 10 Min. abgedeckt köcheln lassen.

Wenn der Pilzsaft verdampft ist, 50 ml Tom kha gai-Geflügelbouillon angießen und weiterköcheln lassen, bis die Bouillon komplett verdampft ist. Die Masse mit einem Stabmixer grobhacken, und die feingehackten Schalotten untermengen. Füllen Sie nun die Masse in einen Spritzbeutel. Die Spitze des Spritzbeutels auf die Größe der zu füllenden Nudelöffnung zurechtschneiden.

Kochen Sie die Rigatoni 9 Min. in reichlich sprudelnd kochendem Salzwasser, dann abgießen. Füllen Sie die Rigatoni mit der Pilzfüllung.

Die restliche Tom kha gai-Geflügelbouillon in einem Topf erhitzen, die gefüllten Rigatoni vorsichtig hineinlegen, ein wenig Bouillon darüber löffeln und kurz reduzieren lassen.

Verteilen Sie die gefüllten Rigatoni auf vier Schalen, mit frittierten Basilikumblättern, karamellisierten Haselnüssen und Chorizoscheiben anrichten, mit der restlichen Bouillon umgießen, einige Kleckse Basilikumpesto daraufgeben und sofort servieren.

Pasta & Fleisch

Teigtaschen mit gegrilltem Schweinefleisch & Ingwer-Knoblauchvinaigrette

Für 4 Personen
Vorbereitungszeit 30 Minuten
Kochzeit 4 Minuten

12 Gyōza-Nudelblätter
(Gyōza sind japanische Teigtaschen)
1 Stengel Thai-Basilikum, feingehackt
2 Stengel Koriandergrün, feingehackt
2 Frühlingszwiebeln, feingehackt
350 g Bratwurstbrät
40 g marinierter Ingwer (S. 71), feingehackt
20 g Kimchi, feingehackt
20 g Savora-Senf (S. 220)
1 EL Tosazusauce (S. 40)
1 Eigelb
1 Handvoll Sauerampferblätter
1 Handvoll Chicoréeblätter
1 Handvoll Rutenkohlblätter
(auch chinesischer Senf genannt)
4 EL weißer Balsamico
2 EL Nussöl
2 EL Traubenkernöl
5 Eiswürfel
80 g Ingwer-Knoblauchsauce (S. 70)
50 g karamellisierte würzige Pekannüsse (S. 62)
Salz, Pfeffer

In einer großen Schale Bratwurstbrät mit den feingehackten Kräutern, Frühlingszwiebeln, mariniertem Ingwer, Kimchi, Savora-Senf und der Tosazusauce gründlich vermengen und abschmecken.

Legen Sie 12 Nudelblätter auf der Arbeitsfläche aus. Geben Sie jeweils etwa 30 g der Farce auf die Mitte eines jeden Blattes. Die Blattränder mit dem Eigelb, das zuvor mit ein wenig kaltem Wasser verrührt wird, bepinseln. Das Blatt dann einmal falten, wodurch sich ein Halbmond ergibt. Die Teigtaschenränder sehr fest zusammendrücken. Mit Pergamentpapier abdecken und kühlstellen.

Die verschiedenen Salatblätter putzen und waschen, vorsichtig trockenschleudern.

Rühren Sie aus dem weißen Balsamico und dem Nussöl eine Vinaigrette, abschmecken.

In einer großen Pfanne bei hoher Hitze das Traubenkernöl heiß werden lassen, und die Teigtaschen mit der flachen Seite nach unten in die Pfanne geben. 1–2 Min. Farbe nehmen lassen.

Die Eiswürfel in die Pfanne geben und abdecken. Etwa 1 Min. köcheln lassen, den Deckel wieder abnehmen. Und nun die Teigtaschen drehen und etwa 1 Min. von der anderen Seite Farbe nehmen lassen.

Die Teigtaschen sind gut, wenn sie eine schöne goldbraune Farbe haben, und der Teig ein wenig durchsichtig ist.

Vermengen Sie nun die Salatblätter vorsichtig mit der Vinaigrette.

Verteilen Sie die gegrillten Teigtaschen auf vier Teller und richten Sie die Salatblätter daneben an.

Beträufeln Sie die Teigtaschen mit der Ingwer-Knoblauchsauce, die karamellisierten Pekannüsse darüberstreuen und sofort servieren.

Ramennudeln mit karamellisiertem Schweinefleisch

Für 4 Personen
Vorbereitungszeit 20 Minuten
Kochzeit 7 Minuten

320 g Ramennudeln
200 g gekochter Schweinebauch
4 EL Olivenöl
50 ml Teriyakisauce
8 Stangen grüner Spargel
2 Stengel Wasserspinat
3 Frühlingszwiebeln
1½ Zitronengrasstengel
1 l Tom kha gai-Geflügelbouillon (S. 28)
2 Kaffirlimettenblätter
1 TL rote Yuzukoshōpaste (S. 40)
200 g Erbsen, gepalt
1 TL Sesamöl
2 Stengel Koriandergrün, abgezupft
1 Stengel Rao Ram (S. 220), abgezupft
6 Knoblauchblüten

Das Schweinefleisch in 2 cm große Würfel schneiden.
In einer Pfanne bei hoher Hitze 2 EL Olivenöl heiß werden lassen, und das Fleisch auf der Hautseite anbraten, bis es knusprig und gebräunt ist. Hitze reduzieren, und nun das Fleisch auch an den anderen Seiten anbräunen. Mit Teriyakisauce ablöschen und weiterrühren, bis die Fleischstückchen schön glänzen und rundum glasiert sind. Warmhalten.
Den grünen Spargel putzen und vorsichtig glattschälen. Die Spitzen abschneiden und halbieren, die Stangen in mundgerechte Stücke schneiden.
Die Wasserspinatstengel putzen und in 2 mm lange Abschnitte schneiden.
Die Frühlingszwiebeln putzen und etwa 3 cm über der Zwiebel abschneiden, diese halbieren.
Die Erbsen 3 Min. in einem großen Topf in kochendem Salzwasser blanchieren, sofort in Eiswasser geben, damit der Garprozess unterbrochen wird, danach abtropfen lassen.
Zitronengrasstengel waschen, trockenschütteln, die äußeren, harten grünen Blätter entfernen und der Länge nach halbieren.
In einem großen Topf die Tom kha gai-Geflügelbouillon bei schwacher Hitze mit einem ganzen Zitronengrasstengel, den Kaffirlimettenblättern und der Yuzukoshōpaste heiß werden lassen.
In einem Topf bei mittlerer Hitze 2 EL Olivenöl heiß werden lassen, und das restliche Zitronengras darin anschwitzen. Erbsen, Spargel, Wasserspinat und Frühlingszwiebeln hinzufügen und unter ständigem Rühren in etwa 1 Min. schnell heiß werden lassen. Abschmecken und das Sesamöl unterrühren.
Währenddessen kochen Sie die Ramennudeln 1 Min. in reichlich sprudelnd kochendem Salzwasser, dann abgießen.
Die Ramennudeln auf vier hohe Gefäße verteilen, Fleisch und Gemüse darauf anrichten Mit Koriander- und Rao Ramblättchen sowie Knoblauchblüten bestreuen, dann die heiße Bouillon angießen und sofort servieren.

Candele mit thailändischem Kaninchencurry

Für 4 Personen
Vorbereitungszeit 35 Minuten
Kochzeit 2 h 35

6 Candele (lange dicke Makkaroni)
20 Kirschtomaten
1 Msp Puderzucker
70 ml Olivenöl
2 Zitronengrasstengel
6 frische Knoblauchzehen
1 Stengel Thai-Basilikum, abgezupft
12 Kaninchenschultern
15 g grüne Currypaste
½ weiße Zwiebel, feingehackt
Saft von 1 Zitrone
1 l Tom kha gai-Geflügelbouillon (S. 28)
einige Thymianblüten
1 Stengel Pimpinelle, abgezupft
1 Stengel Majoran, abgezupft
60 g frittierte Schalottenstreifen (S. 66)
Salz, Pfeffer

Backofen auf 90 °C vorheizen.

Die Kirschtomaten waschen, halbieren und in eine Auflaufform geben. Mit Salz und Pfeffer würzen, mit Puderzucker bestreuen und mit 40 ml Olivenöl vermengen.

Zitronengrasstengel waschen, trockenschütteln, die äußeren, harten grünen Blätter entfernen und der Länge nach halbieren. Einen halbierten Zitronengrasstengel in einzelne Segmente teilen und mit zwei angedrückten Knoblauchzehen unter die Tomaten mischen. Für 75 Min. in den heißen Backofen geben.

In einem Schmortopf bei mittlerer Hitze 30 ml Olivenöl heiß werden lassen, und einen Zitronengrasstengel sowie 2–3 angedrückte ganze Knoblauchzehen darin anschwitzen. Die Kaninchenschultern hinzufügen und bei schwacher Hitze von jeder Seite etwa 5–6 Min. anbraten. Das Fleisch aus dem Topf heben und beiseitestellen.

Nun die Currypaste und die feingehackte Zwiebel in den Topf geben und abgedeckt etwa 2 Min. bei schwacher Hitze köcheln lassen. Immer wieder rühren, damit nichts am Topfboden haften bleibt. Mit Zitronensaft ablöschen.

Das Kaninchenfleisch wieder in den Schmortopf geben und die Tom kha gai-Geflügelbouillon angießen. Entweder abgedeckt bei schwacher Hitze auf dem Herd oder bei 120 °C im Backofen etwa 50 Min. köcheln lassen. Das Kaninchenfleisch aus dem Schmortopf heben, den Bratensaft durch ein Sieb abgießen und warmstellen.

Kochen Sie die Candele in einem großen schönen Schmortopf etwa 7 Min. in reichlich sprudelnd kochendem Salzwasser al dente, dann abgießen. Die Candele halbieren und mit dem aufgefangenen Bratensaft zurück in den Topf geben, das Kaninchenfleisch darauf anrichten.

Den Schmortopf bei schwacher Hitze heiß werden lassen, und die Candele und das Kaninchenfleisch dabei ständig mit dem Bratensaft begießen. Dann abgedeckt für 10 Min. bei etwa 150 °C in den Backofen geben, dabei regelmäßig begießen. Die gebackenen Tomaten untermischen und für weitere 5 Min. in den Backofen geben.

Mit Thymianblüten, Pimpinelle- und Majoranblättchen sowie frittierten Schalottenstreifen bestreuen und sofort servieren.

Mezzi rigatoni mit glasiertem Wachtelfleisch & frittierten Zwiebeln

Für 4 Personen
Vorbereitungszeit 20 Minuten
Kochzeit 16 Minuten

320 g Mezzi rigatoni
½ Zitronengrasstengel
30 g Kaffirlimettenbutter (S. 56)
2 Knoblauchzehen
4 Wachtelbrüstchen
8 Wachtelschenkelchen
2 EL Weinessig
50 ml Teriyakisauce
200 ml Tom kha gai-Geflügelbouillon (S. 28)
2 Frühlingszwiebeln, feingehackt
8 frittierte Zwiebelringe (S. 66)
60 g Atchara, eine philippinische Würzpaste aus unreifen Papayas, die durch marinierten Ingwer ersetzt werden kann (S. 71)
2 Stengel Koriandergrün, abgezupft
40 g karamellisierte würzige Pekannüsse (S. 62)
Salz, Kubebenpfeffer (S. 34)

Zitronengrasstengel waschen, trockenschütteln, die äußeren, harten grünen Blätter entfernen und der Länge nach halbieren.

In einer Pfanne bei mittlerer Hitze die Kaffirlimettenbutter aufschäumen lassen, und zwei angedrückte ganze Knoblauchzehen sowie das Zitronengras darin anschwitzen. Das Wachtelfleisch hinzufügen und etwa 3 Min. auf der Hautseite anbräunen. Mit Salz und Kubebenpfeffer abschmecken. Immer wieder mit Bratensaft begießen, bis die Wachtelhaut schön braun ist, dann das Fleisch aus der Pfanne heben.

Die Butter abgießen und die heiße Pfanne mit Weinessig und Teriyakisauce ablöschen, sofort die Fleischstückchen wieder in die Pfanne geben und etwa 1 Min. lang glasieren. Währenddessen kochen Sie die Mezzi rigatoni etwa 10 Min. in reichlich sprudelnd kochendem Salzwasser al dente, dann abgießen.

In einem großen Topf die Tom kha gai-Geflügelbouillon einmal aufkochen lassen, die Mezzi Rigatoni in die heiße Bouillon geben und vermengen, bis die Nudeln nach etwa 1 Min. ganz und gar von der Bouillon ummantelt sind. Die gehackten Frühlingszwiebeln unterrühren.

Die Mezzi rigatoni auf vier Schalen verteilen, die Wachtelfleischstückchen und die frittierten Zwiebelringe darauf anrichten. Einige Kleckse der Würzpaste daraufgeben, mit Korianderblättchen und karamellisierten Pekannüssen bestreuen und sofort servieren.

Fusilli »bolognaise« mit Sabodet & gegrilltem Schweinefleisch

Für 4 Personen
Vorbereitungszeit 20 Minuten
Kochzeit 1 h 25

320 g Fusilli
160 g Sabodet (auch Lyoner
Kochwurst genannt, S. 220)
1 l Tom kha gai-Geflügelbouillon (S. 28)
1½ Zitronengrasstengel
4 EL Olivenöl
3 Knoblauchzehen
½ weiße Zwiebel, feingehackt
160 g gegrilltes Schweinefleisch
4 EL Reisessig
50 ml jap. Sojasauce für Nudeln (S. 40)
100 g Tomaten-Galgantsauce (S. 71)
2 Selleriestangen
80 g Shiitakepilze
80 g rosa Champignons
20 g Yuzukoshōbutter (S. 56)
200 ml Tom kha gai-Geflügelbouillon (S. 28)
einige Knoblauchblüten
Salz, Pfeffer

Die Sabodet bei schwacher Hitze in der Tom kha gai-Geflügelbouillon 30 Min. pochieren. Dann die Sabodet herausheben und abkühlen lassen. Danach pellen und in 1 cm große Würfel schneiden. 100 ml dieser Bouillon beiseitestellen. Das gegrillte Schweinefleisch in 1 cm große Würfel schneiden.

Zitronengrasstengel waschen, trockenschütteln, die äußeren, harten grünen Blätter entfernen und der Länge nach halbieren.

Backofen auf 120 °C vorheizen.

In einem Schmortopf bei mittlerer Hitze 2 EL Olivenöl heiß werden lassen, einen Zitronengrasstengel, zwei angedrückte Knoblauchzehen und die gehackte Zwiebel darin anschwitzen. Die Sabodet- und Schweinefleischwürfel hinzufügen und 5 Min. anbraten, dabei ständig rühren. Mit Reisessig und Sojasauce ablöschen und einkochen lassen. Dann die Tomaten-Galgantsauce und die beiseitegestellten 100 ml Bouillon angießen. Für 30 Min. abgedeckt in den Backofen geben. Währenddessen die Sellerieblättchen abzupfen, die Selleriestange putzen und in etwa 1 cm dicke Scheiben schneiden. Die Shiitakepilze in 5 mm dicke Streifen schneiden.

Die Zuchtchampignons vierteln.

In einer Pfanne bei mittlerer Hitze 2 EL Olivenöl heiß werden lassen, und eine angedrückte Knoblauchzehe sowie einen halben Zitronengrasstengel darin anschwitzen. Die Shiitakepilze und Champignons hinzufügen und leicht anbräunen lassen, abschmecken.

In einem Topf bei mittlerer Hitze die Yuzukoshōbutter aufschäumen lassen und mit den Selleriestücken abgedeckt 3 Min. köcheln lassen.

Kochen Sie die Fusilli etwa 9 Min. in reichlich sprudelnd kochendem Salzwasser al dente, dann abgießen.

Währenddessen in einem großen Topf die Tom kha gai-Geflügelbouillon heiß werden lassen, die Fusilli hineingeben und vermengen, bis die Nudeln nach etwa 1 Min. ganz und gar von der Bouillon ummantelt sind. Die Hälfte der Schweinefleischmasse hinzufügen und gut vermengen. Den Rest des Fleisches mit den Pilzen, Selleriestücken und –blättern sowie den Knoblauchblüten auf den Nudeln anrichten und sofort servieren.

Fusilli mit Wasserspinat, Bratwurstbrät, Kimchi & Macadamianüssen

Für 4 Personen
Vorbereitungszeit 15 Minuten
Kochzeit 15 Minuten

320 g Fusilli
2 Stengel Wasserspinat
1 Stengel Minze
240 g Bratwurstbrät
4 EL Olivenöl
40 g Kimchi
20 Scheibchen frischer Ingwer
2 EL jap. Sojasauce für Nudeln (S. 40)
200 ml Tom kha gai-Geflügelbouillon (S. 28)
2 Stengel Knoblauchgras, gehackt
1 Päckchen Enokipilze
12 frittierte Zwiebelringe (S. 66)
12 frittierte Schalottenstreifen (S. 66)
60 g karamellisierte würzige
Macadamianüsse (S. 64)
Salz, Pfeffer

Die Wasserspinatstengel putzen und in 2 mm lange Stücke schneiden.

Minzblättchen abzupfen und feinhacken.

In einer heißen Pfanne bei mittlerer Hitze 2 EL Olivenöl heiß werden lassen, und das Bratwurstbrät darin leicht anbräunen. Gehackten Kimchi, Ingwerscheiben und Minzblättchen hinzufügen und vom Feuer ziehen.

In einer weiteren Pfanne bei schwacher Hitze 2 EL Olivenöl heiß werden lassen, und den Wasserspinat kurz anbraten, abschmecken, die Sojasauce unterrühren und in die Pfanne zum Fleisch geben.

Währenddessen kochen Sie die Fusilli 9 Min. in reichlich sprudelnd kochendem Salzwasser al dente, dann abgießen. In einem großen Topf die Tom kha gai-Geflügelbouillon einmal aufkochen lassen, die Fusilli hineingeben und vermengen, bis die Nudeln nach etwa 1 Min. ganz und gar von der Bouillon ummantelt sind. Gleichzeitig die Pfanne mit der Fleischmasse noch einmal kurz erhitzen.

Geben Sie die Nudeln, ganz in der Art von Street Food, in einen kleinen Pappkarton. Das Fleisch mit dem Wasserspinat darauf anrichten, mit Knoblauchgras, Enokipilzen sowie frittierten Zwiebel- und Schalottenringen und den karamellisierten Macadamianüssen bestreuen und sofort servieren.

Mafaldine mit Sabodet & Palmkohl

Für 4 Personen
Vorbereitungszeit 15 Minuten
Kochzeit 20 Minuten

320 g Kamut-Mafaldine
400 g Sabodet
(auch Lyoner Kochwurst genannt, S. 220)
80 g weiße Zwiebel
½ Zitronengrasstengel
2 EL Olivenöl
2 Knoblauchzehen
3 EL Schalottenessig
60 g Taggiasca-Oliven
250 ml Tom kha gai-Geflügelbouillon (S. 28)
20 g Yuzukoshōbutter (S. 56)
50 g geröstetes Pankomehl (S. 62)
einige Rucolablätter
einige Knoblauchblüten
kleine Handvoll frittierter Palmkohl (S. 66)

Die Sabodet kleinwürfeln.

Die weiße Zwiebel feinhacken.

Zitronengrasstengel waschen, trockenschütteln, die äußeren, harten grünen Blätter entfernen und der Länge nach halbieren.

In einem Topf bei mittlerer Hitze 2 EL Olivenöl heiß werden lassen, den halben Zitronengrasstengel und die angedrückten Knoblauchzehen darin anschwitzen. Die gehackte Zwiebel hinzufügen und bei schwacher Hitze abgedeckt 4–5 Min. köcheln lassen, dabei regelmäßig umrühren.

Die Sabodet hinzufügen und abgedeckt weitere 10 Min. bei schwacher Hitze köcheln lassen. Mit Schalottenessig ablöschen und einkochen lassen. Nun die Oliven hinzugeben und warmhalten.

In einem großen Topf die Tom kha gai-Geflügelbouillon einmal aufkochen lassen. Die Kamut-Mafaldine hineingeben 5–6 Min. sanft köcheln lassen.

Wenn die Nudeln die Flüssigkeit aufgenommen haben, die heiße Sabodet-Mischung und die Yuzukoshōbutter hineingeben und vorsichtig unterrühren, bis alles gut ummantelt ist.

Die Nudeln auf vier Schalen verteilen, mit geröstetem Pankomehl, Rucolablättern, Knoblauchblüten und frittiertem Palmkohl bestreuen und sofort servieren.

Foie gras-Teigtaschen in Geflügelbouillon mit Umeboshi

Für 4 Personen

Vorbereitungszeit 30 Minuten

Kochzeit 10 Minuten

(+ Ruhezeit 1 h 30)

12 Gyōza-Nudelblätter (Gyōza sind japanische Teigtaschen)

350 g rohe Foie gras

10 g Fleur de sel

1 TL gemahlener nepalesischer Pfeffer

1 Bergamotte

8 Radieschen

8 junge Mairübchen

4 Mini-Karotten

1 Päckchen Shimejipilze

1 Brokkolettistiel/strunk

4 Umeboshi-Früchte

1 Eigelb

1 Zitronengrasstengel

2 EL Olivenöl

1 Knoblauchzehe, geschält

30 g Yuzukoshōbutter

400 ml Tom kha gai-Geflügelbouillon (S. 28)

50 ml Tosazusauce (S. 40)

1 Stengel Thai-Basilikum, abgezupft

1 Stengel Rao Ram (S. 220), abgezupft

Würzen Sie die Foie gras mit Fleur de sel und nepalesischem Pfeffer. Reiben Sie ein wenig Bergamotteschale mit einer Mikroreibe auf die Foie gras. In Frischhaltefolie wickeln und 75 Min. an einem kühlen Ort ziehen lassen.

Schneiden Sie die Radieschen in etwa 3 mm dicke Scheiben, die Mairübchen vierteln und die Mini-Karotten halbieren. Die Shimejipilze entstielen. Die Brokkoletti in Röschen teilen. Die Haut der Umeboshi-Früchte ablösen.

Die Foie gras in Stücke à 25 g schneiden.

Legen Sie 12 Nudelblätter auf einer leicht bemehlten Arbeitsfläche aus. Geben Sie jeweils ein Stück Foie gras auf die Mitte des Blattes. Die Blattränder mit dem Eigelb, das zuvor mit ein wenig kaltem Wasser verrührt wird, bepinseln. Das Blatt dann einmal falten, wodurch sich ein Halbmond ergibt. Die Teigtaschenränder sehr fest zusammendrücken. Kühlstellen.

Blanchieren Sie die Brokkolettiröschen 2 Min. in kochendem Salzwasser. Sofort in Eiswasser geben, damit der Garprozess unterbrochen wird, danach abtropfen lassen.

Zitronengrasstengel waschen, trockenschütteln, die äußeren, harten grünen Blätter entfernen und der Länge nach halbieren.

In einem Topf bei mittlerer Hitze 2 EL Olivenöl heiß werden lassen, einen halben Zitronengrasstengel und die angedrückte Knoblauchzehe darin anschwitzen. Karotten, Rübchen und Radieschen hinzufügen und abgedeckt bei schwacher Hitze 4–5 Min. köcheln lassen, dann die Yuzukoshōbutter unterrühren. Danach die Brokkolettiröschen und Shimejipilze abgedeckt bei schwacher Hitze 1 Min. mitköcheln.

Die Bouillon mit dem restlichen Zitronengras, der Tosazusauce und einem Stück Bergamotteschale einmal aufkochen lassen und in eine vorgewärmte Teekanne geben.

Währenddessen die mit Foie gras gefüllten Teigtaschen in einen (vorzugsweise mit Pergamentpapier ausgelegten) Bambusdämpfer oder Dampfgarer geben, und 2½ Min. über einem siedenden Wasserbad dämpfen.

Die Teigtaschen auf vier Suppenschüsseln verteilen, das Gemüse und das Umeboshi-Fruchtfleisch darauf anrichten, mit Thai-Basilikum- und Rao Ramblättchen bestreuen, die sehr heiße Bouillon angießen und sofort servieren.

Fusilli mit würzigem Milchlamm & karamellisierten Macadamianüssen

Für 4 Personen
Vorbereitungszeit 20 Minuten
Kochzeit 1 h 50

320 g Fusilli
1 weiße Zwiebel, geschält
4 frische Knoblauchzehen, geschält
1 Zitronengrasstengel
½ Menton-Zitrone, geviertelt
5 EL Olivenöl
320 g Milchlammbrust (in mundgerechten Stücken von etwa 3 cm Länge)
50 ml weißer Balsamico
2 Stengel Bohnenkraut, abgezupft
300 ml Tom kha gai-Geflügelbouillon (S. 28)
1 TL Harissa (S. 40)
3 Stengel Koriandergrün, abgezupft
40 g karamellisierte würzige Macadamianüsse (S. 64)
einige Kresseblättchen

Die Zwiebel feinhacken und die Knoblauchzehen halbieren. Zitronengrasstengel waschen, trockenschütteln, die äußeren, harten grünen Blätter entfernen und der Länge nach halbieren.

Backofen auf 150 °C vorheizen.

In einem Schmortopf bei mittlerer Hitze 3 EL Olivenöl heiß werden lassen und die Lammstückchen von jeder Seite 3–4 Min. anbräunen. Das Fleisch aus der Pfanne heben und beiseitestellen.

In demselben Schmortopf Zitronengras, feingehackte Zwiebel und Knoblauchzehen bedeckt bei schwacher Hitze 3–4 Min. anschwitzen. Mit weißem Balsamico ablöschen und dabei mit einem Holzspatel den Pfannenboden gut abschaben, damit nichts festklebt.

Die Lammstückchen wieder in den Topf geben. Zitronenviertel und Bohnenkraut hinzufügen, und die Tom kha gai-Geflügelbouillon angießen. Einmal aufkochen, bis die Bouillon schäumt, und dann den Topf bei 150 °C für etwa 1 h 30 in den Backofen geben.

Nach dem Backen den Topf ein wenig ruhen lassen, dann die Fleischstückcnen und Zitronenviertel herausheben und den Bratensatz- und saft durch ein Sieb abgießen, dabei gut ausdrücken.

Die Zitronenviertel nun in kleine Stückchen schneiden.

Kochen Sie die Fussili 9 Min. in reichlich sprudelnd kochendem Salzwasser al dente, dann abgießen.

In einem großen Topf den Bratensaft aufkochen lassen, die Fusilli hinzufügen und vermengen, bis sie ganz vom Bratensaft ummantelt sind. 1 TL Harissa, das restliche Olivenöl und die Korianderblättchen unterrühren.

Die Pasta auf vier Teller verteilen, die Lamm- und Zitronenstückchen darauf anrichten, mit karamellisierten Macadamianüssen sowie Kresseblättchen bestreuen und sofort servieren.

Mafaldine in Pho-Bouillon mit Foie gras

Für 4 Personen
Vorbereitungszeit 20 Minuten
Kochzeit 30 Minuten
(+ Ruhezeit 30 Minuten)

320 g Mafaldine
2 Zitronengrasstengel
40 g würzige Pfefferbutter (S. 56)
2 Knoblauchzehen, frisch geschält
16 Hühnerflügel
800 ml Tom kha gai-Geflügelbouillon (S. 28)
80 g rohe Foie gras
1 Msp Fleur de sel
1 TL gemahlener Kubebenpfeffer (S. 34)
120 g Erbsen, gepalt
12 Stangen junger grüner Spargel
3 Stengel Knoblauchgras
50 ml jap. Sojasauce für Nudeln (S. 40)
2 EL Olivenöl
1 Stengel Koriandergrün, abgezupft
1 EL getrocknete Basilikumblüten
2 rote Shisoblätter, kleingeschnitten
1 Stengel Thai-Basilikum, abgezupft
1 Stengel Rao Ram (S. 220), abgezupft
Salz, Pfeffer

Zitronengrasstengel waschen, trockenschütteln, die äußeren, harten grünen Blätter entfernen und der Länge nach halbieren und einen der beiden Stengel quer halbieren.

In einer Pfanne die Pfefferbutter bei mittlerer Hitze aufschäumen lassen, einen halben Stengel Zitronengras, die ganze angedrückte Knoblauchzehe und die gehackte Schalotte darin anschwitzen. Die Hühnerflügel dazugeben und bei schwacher Hitze von jeder Seite etwa 5–6 Min. anbraten, ohne dass sie Farbe nehmen. Mit Salz und Pfeffer würzen und abgedeckt etwa 20 Min. bei schwacher Hitze weiterköcheln lassen, dabei immer wieder umrühren. Während der Kochzeit 3–4 EL Tom kha gai-Geflügelbouillon dazugeben. Wenn die Hühnerflügel gar sind und schön glänzen, vom Feuer ziehen, etwas abkühlen lassen, die kleinen Knochen entfernen und warmstellen.

Die Foie gras mit Fleur de sel und Kubebenpfeffer würzen, in Frischhaltefolie wickeln und für 30 Min. ins Gefrierfach geben. Danach in 1 cm große Würfel schneiden und kühlstellen.

Die Erbsen 3 Min. in einem großen Topf in kochendem Salzwasser blanchieren, sofort in Eiswasser geben, damit der Garprozess unterbrochen wird, danach abtropfen lassen.

Den grünen Spargel putzen, vorsichtig glattschälen. Die Spitzen abschneiden und halbieren und die Stangen in mundgerechte Stücke schneiden.

Knoblauchgras quer in Streifen schneiden.

Kochen Sie die Mafaldine 9 Min. in reichlich sprudelnd kochendem Salzwasser al dente.

Währenddessen die Bouillon mit der Sojasauce und 1 Zitronengrasstengel einmal aufkochen lassen.

In einer Pfanne bei mittlerer Hitze 2 EL Öl heiß werden lassen, das restliche Zitronengras darin anschwitzen, den Spargel hinzufügen, abschmecken und bedeckt 2 Min. köcheln lassen. Die Erbsen und Hühnerflügel dazugeben und bedeckt 1 Min. bei schwacher Hitze köcheln lassen. Vom Feuer ziehen und Korianderblättchen, Knoblauchgras und Basilikumblüten hineingeben.

Die Mafaldine abgießen und mit dem Gemüse auf vier Suppenschalen verteilen, die Fois gras-Würfel darauf anrichten, mit Shiso-, Thai-Basilikum- und Rao Ramblättchen bestreuen und die sehr heiße Bouillon angießen. Sofort servieren.

Pennucce mit Hühnerflügeln, Harissa & gebackenen Zitronen

Für 4 Personen
Vorbereitungszeit 10 Minuten
Kochzeit 30 Minuten

320 g Pennucce
½ Zitronengrasstengel
½ gebackene Zitrone (S. 68)
2 EL Olivenöl
2 Knoblauchzehen, geschält
16 Hühnerflügel
3 EL weißer Balsamico
4 EL Teriyakisauce
1 EL Harissa (S. 40)
200 ml Tom kha gai-Geflügelbouillon (S. 28)
3 Stengel Koriandergrün, abgezupft
2 EL frittierte Schalottenstreifen (S. 66)
Salz, frisch gemahlener Pfeffer

Zitronengrasstengel waschen, trockenschütteln, die äußeren, harten grünen Blätter entfernen und der Länge nach halbieren.

Die gebackene Zitrone grobhacken.

In einer Pfanne bei mittlerer Hitze 2 EL Olivenöl heiß werden lassen, das Zitronengras und die zwei ganzen angedrückten Knoblauchzehen darin anschwitzen. Die Hühnerflügel dazugeben und bei schwacher Hitze von jeder Seite etwa 5–6 Min. anbraten. Mit Salz und Pfeffer würzen und abgedeckt etwa 10 Min. bei schwacher Hitze weiterköcheln lassen. Mit weißem Balsamico und Teriyakisauce ablöschen und weiterrühren, bis die Fleischstückchen schön glänzen und rundum glasiert sind, dann den EL Harissa unterrühren. Warmhalten. Kochen Sie die Pennucce 8 Min. in reichlich sprudelnd kochendem Salzwasser al dente, dann abgießen.

In einem großen Topf die Tom kha gai-Geflügelbouillon einmal aufkochen lassen, die Pennucce in die Bouillon geben und vermengen, bis sie ganz und gar von der Bouillon ummantelt sind.

Die Pennucce auf vier Schalen verteilen und die glasierten Hühnerflügel darauf anrichten. Mit den Zitronenstückchen, Korianderblättchen und den frittierten Schalottenringen bestreuen und sofort servieren.

Tagliatelle mit geschmortem Rind & Kimchi-Mostarda

Für 4 Personen
Vorbereitungszeit 10 Minuten
Kochzeit 10 Minuten

320 g Tagliatelle
2 Stengel Knoblauchgras
300 g gekochte Rippchen
2 EL Olivenöl
6 EL Teriyakisauce
200 ml Tom kha gai-Geflügelbouillon (S. 28)
60 g Kimchi-Mostarda (S. 68)
60 g Ingwer-Knoblauchsauce (S. 71)
einige frittierte Curryblätter (S. 64)
1 Stengel Thai-Basilikum
40 g karamelliserte würzige Cashewnüsse (S. 62)
Salz

Das Knoblauchgras feinhacken.

Das Fleisch in dünne Streifen von 5–6 mm Dicke schneiden. In einer Pfanne bei hoher Hitze 2 EL Olivenöl heiß werden lassen, und die Rindfleischstreifen von jeder Seite etwa 1 Min. anbräunen. Mit der Teriyakisauce ablöschen und weiterrühren, bis die Fleischstückchen schön glänzen und rundum glasiert sind.

Kochen Sie die Tagliatelle 4 Min. in reichlich sprudelnd kochendem Salzwasser al dente, dann abgießen.

Währenddessen in einem großen Topf die Tom kha gai-Geflügelbouillon einmal aufkochen lassen, und bei mittlerer Hitze um die Hälfte reduzieren. Die Tagliatelle in die Bouillon geben und vermengen, bis die Nudeln ganz und gar von der Bouillon ummantelt sind.

Die Tagliatelle auf vier Teller verteilen, das glasierte Rindfleisch darauf anrichten, einige Kleckse Kimchi-Mostarda und Ingwer-Knoblauchsauce darüber geben und mit frittierten Curryblättern, dem feingehackten Knoblauchgras sowie karamellisierten Cashewnüssen bestreuen und sofort servieren.

Makkaroni mit grünem Spargel, Favabohnen & Bärlauch

Für 4 Personen
Vorbereitungszeit 20 Minuten
Kochzeit 20 Minuten

320 g Makkaroni
8 Stangen junger grüner Spargel
160 g geschälte Favabohnen
160 g Erbsen, gepalt
2 junge Schalotten
4 EL Olivenöl
100 g Shimejipilze, entstielt
1 junge Knoblauchzehe, geschält
½ Zitronengrasstengel
40 g Butter
200 ml Tom kha gai-Geflügelbouillon (S. 28)
einige Bärlauchblätter
Salz, frisch gemahlener Pfeffer

Den grünen Spargel putzen und vorsichtig glattschälen. Die Spitzen abschneiden und halbieren, die Stangen in mundgerechte Stücke von etwa 4 cm Länge schneiden.
Blanchieren Sie die Favabohnen 30 Sek. in kochendem Salzwasser. Sofort in Eiswasser geben, damit der Garprozess unterbrochen wird, danach abtropfen lassen und die Haut der Bohnen entfernen.
Die Erbsen 3 Min. in einem großen Topf in kochendem Salzwasser blanchieren, sofort in Eiswasser geben, damit der Garprozess unterbrochen wird, danach abtropfen lassen.
Die Schalotten schälen und in Scheiben schneiden.
In einer Pfanne bei mittlerer Hitze 2 EL Olivenöl heiß werden lassen, und die Schalottenscheiben sowie die Shimejipilze schön Farbe nehmen lassen.
Zitronengrasstengel waschen, trockenschütteln, die äußeren, harten grünen Blätter entfernen und der Länge nach halbieren.
In einem Topf bei schwacher Hitze 2 EL Olivenöl heiß werden lassen, und das Zitronengras mit der ganzen angedrückten Knoblauchzehe anschwitzen. Den Spargel hinzufügen und etwa 2 Min. köcheln lassen, die Favabohnen sowie Erbsen und die Butter dazugeben und weitere 2 Min. bei mittlerer Hitze köcheln lassen, bis das Gemüse schön von der Butter ummantelt ist. Warmstellen.
Kochen Sie die Makkaroni 9 Min. in reichlich sprudelnd kochendem Salzwasser al dente, dann abgießen.
Währenddessen die Tom kha gai-Geflügelbouillon bei schwacher Hitze heiß werden lassen. Die Makkaroni in die Bouillon geben und vermengen, bis sie ganz und gar von der Bouillon ummantelt sind.
Erbsen, Favabohnen, Spargel und Bärlauchblätter hinzufügen und vorsichtig unterrühren.
Die Makkaroni mit dem Gemüse auf vier Schalen verteilen, die Pilze und Schalotten darauf anrichten und sofort servieren.

Orecchiette mit grünem Gemüse & Sobrasada

Für 4 Personen
Vorbereitungszeit 10 Minuten
Kochzeit 15 Minuten

320 g Orecchiette
80 g Sobrasada
(luftgetrocknete Rohwurst S. 60)
160 g Erbsen, gepalt
200 ml Tom kha gai-Geflügelbouillon (S. 28)
160 g geschälte Favabohnen
40 g Yuzubutter
einige Korianderblüten
einige Rucolablüten
Salz, frisch gemahlener Pfeffer

Geben Sie die Sobrasada 15 Min. in den Gefrierschrank, dann lässt sie sich leichter schneiden.

Die Erbsen 3 Min. in einem großen Topf in kochendem Salzwasser blanchieren, sofort in Eiswasser geben, damit der Garprozess unterbrochen wird, danach abtropfen lassen.

Die Tom kha gai-Geflügelbouillon bei schwacher Hitze heiß werden lassen.

Kochen Sie die Orecchiette 9 Min. in reichlich sprudelnd kochendem Salzwasser al dente.

Währenddessen die Sobrasada feinwürfeln.

In einem Topf bei mittlerer Hitze die Yuzubutter und das Olivenöl heiß werden lassen, und die Erbsen und Favabohnen hinzufügen und abgedeckt etwa 2 Min. köcheln lassen. Abschmecken.

Die Pasta abgießen, in die heiße Bouillon geben und vermengen, bis die Nudeln ganz und gar von der Bouillon ummantelt sind.

Verteilen Sie die Orecchiette auf vier Schalen, die Erbsen, Favabohnen und Sobrasada darauf anrichten, mit Koriander- und Rucolablüten bestreuen und sofort servieren.

Conchiglie gefüllt mit Tomaten-Ingwerpaste, dazu Oliven & Tempura-Salbei

Für 4 Personen
Vorbereitungszeit 15 Minuten
Kochzeit 20 Minuten

16 Conchiglie
60 ml Olivenöl
100 g Tempuramehl
160 ml Eiswasser
250 g Tomaten-Ingwerpaste (S. 70)
2 große Lauchzwiebeln
200 ml Tom kha gai-Geflügelbouillon (S. 28)
20 Taggiasca-Oliven
8 große Salbeiblätter
500 ml Traubenkernöl (zum Frittieren)
60 g Pecorino
einige Thai-Basilikumblätter
Salz

Kochen Sie die Conchiglie 9 Min. in reichlich sprudelnd kochendem Salzwasser al dente, dann abgießen und mit ein wenig Olivenöl vermengen, damit sie nicht aneinanderkleben. Abkühlen lassen.

Für den Tempurateig das Mehl mit dem Eiswasser vermengen. Der Teig soll relativ dünnflüssig sein, um eine leichte und knusprige Textur zu gewährleisten.

Die einzelnen Conchiglie mithilfe eines Löffels mit der Tomaten-Ingwerpaste füllen.

Die Lauchzwiebeln putzen und das Grün etwa 5 cm über der Zwiebel abschneiden, die Zwiebel sechsteln.

In einem weiten Topf die Tom kha gai-Geflügelbouillon einmal aufkochen lassen, und die Conchiglie vorsichtig mit der Öffnung nach oben hineingeben (siehe Foto). Abdecken und bei schwacher Hitze 3–4 Min. köcheln lassen. Wenn die Flüssigkeit um ein Viertel reduziert ist, die Conchiglie mit dem Sud begießen, und die Oliven und Lauchzwiebeln hineingeben.

In der Zwischenzeit das Traubenkernöl in einem hohen Topf auf 180 °C erhitzen. Die Salbeiblätter in den Tempurateig tauchen und in etwa 1½ Min. knusprig frittieren. Dann auf Küchenpapier abtropfen lassen.

Die Conchiglie auf vier Schüsseln verteilen, ein wenig reduzierte Bouillon angießen, den Pecorino mit einer Mikroreibe auf die Conchiglie reiben und den Tempura-Salbei sowie die Basilikumblätter darauf anrichten. Mit einigen Spritzern Olivenöl beträufeln und sofort servieren.

Lauwarme Tagliatelle mit Spargel, Zucchini, gebackener Zitrone & Pesto

Für 4 Personen
Vorbereitungszeit 15 Minuten
Kochzeit 1 h 20

240 g Tagliatelle
16 Kirschtomaten
1 Msp Puderzucker
130 ml Olivenöl
1 Zitronengrasstengel
3 Knoblauchzehen, frisch geschält
2 Stengel Thai-Basilikum, abgezupft
4 Stangen grüner Spargel
1 gelbe Zucchini
½ gebackene Zitrone (S. 68)
abgeriebene Schale einer ½ Zitronatzitrone
einige Rucolablüten
60 g Rucolapesto (S. 68)
Salz, frisch gemahlener Pfeffer

Den Backofen auf 90 °C vorheizen.

Die Kirschtomaten waschen, halbieren und in eine Auflauf-form geben. Mit Salz und Pfeffer würzen, mit Puderzucker bestreuen und mit 40 ml Olivenöl vermengen.

Zitronengrasstengel waschen, trockenschütteln, die äußeren, harten grünen Blätter entfernen und der Länge nach halbie-ren. Einen halben Zitronengrasstengel in einzelne Segmente teilen und mit drei angedrückten Knoblauchzehen sowie den abgezupften Thai-Basilikumstengeln (die Blättchen zum Garnieren beiseitelegen) unter die Tomaten mischen. Für 75 Min. in den heißen Backofen geben.

Den grünen Spargel putzen, vorsichtig glattschälen, Zucchini putzen. Beide Gemüse mit einer Mandoline der Länge nach in 1–2 mm dünne Streifen schneiden.

In einem Topf bei schwacher Hitze 30 ml Olivenöl heiß werden lassen, die Spargel- und Zucchinistreifen sowie das restliche Zitronengras hineingeben und abgedeckt 1 Min. köcheln lassen. Aus dem Öl heben, auf Küchenpapier abtrop-fen und abkühlen lassen.

Die gebackene Zitrone sehr feinhacken und mit 60 ml Oli-venöl zu einer Paste vermengen.

Kochen Sie die Tagliatelle 4 Min. in reichlich sprudelnd ko-chendem Salzwasser al dente, dann abgießen.

Vermengen Sie die Tagliatelle mithilfe einer Gabel vorsichtig mit den Gemüsestreifen, dem Saft der gebackenen Tomaten sowie der abgeriebenen Schale der halben Zitronatzitrone.

Die Nudeln nun vorsichtig auf Teller verteilen und mit den gebackenen Tomaten, den Thai-Basilikumblättchen, Rucola-blüten, der Zitronenpaste und dem Pesto anrichten.

Lauwarme Linguine mit japanischer Vinaigrette & Tempura-Gemüse

Für 4 Personen
Vorbereitungszeit 15 Minuten
Kochzeit 15 Minuten

FÜR DIE VINAIGRETTE

50 ml Tosazusauce (S. 40)
50 ml Ponzusauce (S. 40)
2 EL Olivenöl
2 EL Sesamöl
60 ml Zitronensaft
10 g Wasabipaste (S. 38)

320 g Linguine
150 g Tempuramehl
250 ml Eiswasser
4 Zucchiniblüten
2 Shiitakepilze
2 Mini-Auberginen
5 Frühlingszwiebeln
1 l Traubenkernöl (zum Frittieren)
einige Mizunablüten
4 gesalzene Norialgenblätter

Für die Vinaigrette alle Zutaten kräftig miteinander verrühren.

Das Tempuramehl gründlich mit dem Eiswasser vermengen. Der Teig soll relativ dünnflüssig sein, um eine leichte und knusprige Textur zu gewährleisten.

Die Zucchiniblüten ein wenig auseinanderfalten.

Die Shiitakepilze in 3 mm dicke Scheiben schneiden.

Die Aubergine mit einer Mandoline in 3 mm dicke Scheiben schneiden.

Vier Frühlingszwiebeln halbieren, eine Frühlingszwiebel vierteln und für die Garnitur beiseitelegen.

Kochen Sie die Linguine 6 Min. in reichlich sprudelnd kochendem Salzwasser al dente, dann abgießen.

In einer großen Schüssel die Linguine vorsichtig mit der Vinaigrette sowie der beiseitegelegten Frühlingszwiebel vermengen.

Das Traubenkernöl in einem hohen Topf auf 180 °C erhitzen. Die Auberginen, Frühlingszwiebeln, Shiitakepilze und Zucchiniblüten durch den Tempurateig ziehen, dann 1½ Min. ins heiße Frittieröl tauchen. Mit einem Sieb herausheben und auf Küchenpapier abtropfen lassen.

Die Linguine auf vier Teller verteilen, mit der Vinaigrette beträufeln und das Tempura-Gemüse darauf anrichten. Mit Mizunablüten und Norialgenblättern bestreuen und servieren.

Ruote pazze mit grünem Gemüse & maritimer Strandaster

Für 4 Personen
Vorbereitungszeit 20 Minuten
Kochzeit 20 Minuten

320 g Ruote pazze
12 Stangen grüner Spargel
8 Mini-Lauchstangen
2 Lauchzwiebeln
4 Mini-Fenchel
½ Zitronengrasstengel
250 ml Tom kha gai-Geflügelbouillon (S. 28)
3 EL Olivenöl
2 frische Knoblauchzehen, geschält
160 g Erbsen, gepalt
60 g Butter
einige Strandasterblätter
2 Stengel Dill, abgezupft
einige Sauerampferblätter
Salz, Timutpfeffer (S. 34)

Den grünen Spargel putzen, vorsichtig glattschälen. Die Spitzen abschneiden und halbieren, und die Stangen in mundgerechte Stücke schneiden.

Die Mini-Lauchstangen putzen.

Die Lauchzwiebeln putzen. Das Grüne der Lauchzwiebeln 1 cm oberhalb der Zwiebel abschneiden und feinhacken, und die Zwiebeln sechsteln.

Die Mini-Fenchel putzen. Mit einer Mandoline in etwa 3 mm dicke Scheiben schneiden und in Eiswasser geben.

Zitronengrasstengel waschen, trockenschütteln, die äußeren, harten grünen Blätter entfernen und der Länge nach halbieren.

In einem Topf bei mittlerer Hitze die Tom kha gai-Geflügelbouillon heiß werden lassen.

Kochen Sie die Ruote pazze 10 Min. in reichlich sprudelnd kochendem Salzwasser al dente.

Währenddessen in einem großen Topf bei mittlerer Hitze 3 EL Olivenöl heiß werden lassen, das Zitronengras und die angedrückten ganzen Knoblauchzehen darin anschwitzen. Das Gemüse (einschließlich der Erbsen) hinzufügen, mit Salz würzen und abgedeckt 2 Min. bei schwacher Hitze köcheln lassen. Die Butter und 2 EL Tom kha gai-Geflügelbouillon dazugeben und weitere 2 Min. köcheln lassen. Vom Feuer ziehen, und das feingehackte Lauchgrün unterrühren.

Die Ruote pazze abgießen, in den Topf mit der heißen Bouillon geben und vermengen, bis die Nudeln ganz von der Bouillon ummantelt sind. Die Strandasterblätter unterrühren. Die Nudeln in eine vorgewärmte Schüssel oder Auflaufform geben, und das heiße Gemüse darauf anrichten, mit Dillspitzen und Sauerampferblättern bestreuen, mit Timutpfeffer würzen und sofort servieren.

Gebräunte Lumache mit gebackenen Tomaten, Kartoffeln & Favabohnen

Für 4 Personen
Vorbereitungszeit 20 Minuten
Kochzeit 1 h 45

320 g Lumache
20 Kirschtomaten
1 Prise Puderzucker
110 ml Olivenöl
2 Zitronengrasstengel
5 Knoblauchzehen, frisch geschält
160 g geschälte Favabohnen
12 Stangen grüner Spargel
150 g Mini-Bonnotte-Kartoffeln (S. 220)
250 ml Tom kha gai-Fischbouillon (S. 26)
einige Mizunablüten
einige frische rote Algenblätter
Salz, frisch gemahlener Pfeffer

Backofen auf 90 °C vorheizen.

Die Kirschtomaten waschen, halbieren und in eine Auflaufform geben. Mit Salz und Pfeffer würzen, mit Puderzucker bestreuen und mit 40 ml Olivenöl vermengen.

Zitronengrasstengel waschen, trockenschütteln, die äußeren, harten grünen Blätter entfernen und der Länge nach halbieren. Einen halbierten Zitronengrasstengel in einzelne Segmente teilen sowie 2–3 angedrückte Knoblauchzehen unter die Tomaten mischen und für 75 Min. in den Backofen geben.

Blanchieren Sie die Favabohnen 30 Sek. in kochendem Salzwasser. Sofort in Eiswasser geben, damit der Garprozess unterbrochen wird, danach abtropfen lassen und die Haut der Bohnen entfernen.

Den grünen Spargel putzen und vorsichtig glattschälen. Die Spitzen abschneiden und halbieren, die Stangen in mundgerechte Stücke schneiden.

Die Bonnottekartoffeln gründlich waschen, nicht schälen.

In einem Schmortopf bei mittlerer Hitze 40 ml Olivenöl heiß werden lassen, und einen halben Zitronengrasstengel sowie zwei angedrückte Knoblauchzehen darin anschwitzen. Die Kartoffeln und 3 EL Tom kha gai-Fischbouillon hinzufügen. Abgedeckt bei schwacher Hitze etwa 12 Min. köcheln lassen; die Kartoffeln sollten dann noch Biss haben.

Kochen Sie die Lumache etwa 8 Min. in reichlich sprudelnd kochendem Salzwasser al dente.

In einem großen Topf die Tom kha gai-Fischbouillon einmal aufkochen lassen.

Währenddessen in einem großen Topf bei mittlerer Hitze 30 ml Olivenöl heiß werden lassen, und das restliche Zitronengras darin anschwitzen. Den Spargel hinzufügen und abgedeckt etwa 2 Min. köcheln lassen.

Die Lumache abgießen, in die heiße Bouillon geben und vermengen, bis die Nudeln nach etwa 1–2 Min. ganz und gar von der Bouillon ummantelt sind. Erst dann die Kartoffeln hinzufügen.

Die Favabohnen mit einem Teil des heißen Safts der gebackenen Tomaten übergießen und zusammen mit den gebackenen Tomaten und dem Spargel mit den Nudeln vermengen. Mit Mizunablüten und roten Algenblättern bestreuen und sofort servieren.

Mafaldine mit gebackenen Tomaten, Zitrone & Bottarga

Für 4 Personen
Vorbereitungszeit 20 Minuten
Kochzeit 2 h 30
Marienierzeit 2 Stunden

320 g Mafaldine
1 kg Roma-Tomaten
70 ml Olivenöl
40 g Puderzucker
3 frische Knoblauchzehen, geschält
1½ Zitronengrasstengel
2 Stengel getrockneter Oregano
1 tunesische Bergamotte (oder 1 Meyer-Zitrone)
2 Mini-Fenchel
200 ml Tom kha gai-Geflügelbouillon (S. 28)
40 g Yuzubutter (S. 56)
einige Korianderblüten
einige Rettichblüten
2 rote Shisoblätter (in dünnen Streifen)
60 g Bottarga (Fischrogen S. 60)
Salz, Pfeffer

Backofen auf 90 °C vorheizen.

Die Roma-Tomaten waschen, vierteln, entkernen und auf ein mit Backpapier ausgelegtes Backblech geben. Mit Salz und Pfeffer würzen, mit 10 g Puderzucker bestreuen und mit 40 ml Olivenöl vermengen. Zitronengrasstengel waschen, trockenschütteln, die äußeren, harten grünen Blätter entfernen und der Länge nach vierteln. Einen Zitronengrasstengel in einzelnen Segmenten sowie die angedrückten Knoblauchzehen unter die Tomaten mischen und die Oreganostengel hinzufügen. Für 2 h 15 in den 90 °C heißen Backofen geben, dabei insgesamt zweimal drehen. (Diese gebackenen Tomaten halten sich sehr gut in einem Weckglas mit Olivenöl.)

Die Bergamotte oder Meyer-Zitrone in 5 mm dünne Scheiben und diese wiederum in einzelne Segmente schneiden. Mit 1 EL Salz und dem restlichen Puderzucker bestreuen, mit Klarsichtfolie abdecken und 2 Std. im Kühlschrank marinieren lassen.

Den Mini-Fenchel in 5 mm dünne Scheiben schneiden.

In einem Topf bei schwacher Hitze 30 ml Olivenöl heiß werden lassen, und das restliche Zitronengras darin anschwitzen. Fenchelscheiben hinzufügen und etwa 2 Min. abgedeckt köcheln lassen, sie sollen noch Biss haben. Mit Salz und Pfeffer abschmecken.

Kochen Sie die Mafaldine 9 Min. in reichlich sprudelnd kochendem Salzwasser al dente, dann abgießen.

Währenddessen in einem großen Topf die Tom kha gai- Geflügelbouillon bei mittlerer Hitze heiß werden lassen. Die Mafaldine hineingeben und vermengen, bis die Nudeln ganz und gar von der Bouillon ummantelt sind. Erst dann die Yuzubutter unterrühren

Die Nudeln auf Schalen verteilen. Die gebackenen Tomaten, marinierten Zitronenstücke, Mini-Fenchel, Korianderblüten und Shisoblätter darauf anrichten und den Fischrogen darüber reiben. Sofort servieren.

Makkaroni mit Auberginen, gebackenen Tomaten & Tempura-Zucchiniblüten

Für 4 Personen
Vorbereitungszeit 40 Minuten
Kochzeit 3 h 05

320 g Makkaroni
1 kg Roma-Tomaten
70 ml Olivenöl
4 Knoblauchzehen
10 g Puderzucker
50 ml weißer Balsamico
1 TL Harissa (S. 40)
1½ Zitronengrasstengel
1 Stengel getrockneter Oregano
1 l Traubenkernöl (zum Frittieren)
2 kleine violette Auberginen
100 g Tempuramehl
160 ml Eiswasser
4 Salbeiblätter
4 Zucchiniblüten
1 Portion Frittieröl
200 ml Tom kha gai-Geflügelbouillon (S. 28)
8 frittierte Zwiebelringe
1 Stengel getrocknetes Thai-Basilikum
Salz, Pfeffer

Backofen auf 100 °C vorheizen.

Die Roma-Tomaten waschen, schälen, vierteln und entkernen. In einer Salatschüssel mit Salz und Pfeffer würzen und mit dem Puderzucker bestreuen. Die Tomatenviertel mit den Tomatenschalen in ein Sieb geben, den Saft auffangen und die Tomaten beiseitestellen.

Zitronengrasstengel waschen, trockenschütteln, die äußeren, harten grünen Blätter entfernen und der Länge nach vierteln. In einem Topf bei mittlerer Hitze 30 ml Olivenöl heiß werden lassen, und eine angedrückte Knoblauchzehe sowie einen halben Zitronengrasstengel darin anschwitzen. Den aufgefangenen Tomatensaft, den weißen Balsamico und 1 TL Harissa hinzufügen und einmal aufkochen lassen. Hitze reduzieren und das Ganze etwa 15–20 Min. bei schwacher Hitze köcheln lassen, bis ein Sirup entstanden ist. Abkühlen lassen.

Einen Zitronengrasstengel in einzelnen Segmenten sowie drei angedrückte Knoblauchzehen und den Oreganostengel unter die Tomaten mischen, auf ein mit Backpapier ausgelegtes Blech geben und mit 40 ml Olivenöl vermengen. Für 2 h 15 in den Backofen geben, dabei insgesamt zweimal drehen.

Das Traubenkernöl in einem hohen Topf auf 160 °C erhitzen. Die zwei kleinen geputzten Mini-Auberginen in jeweils 3–4 Min. knusprig frittieren und auf Küchenpapier abtropfen lassen. Wenn sie etwas abgekühlt sind, in kleine Stücke schneiden. Für den Tempurateig das Mehl mit dem Eiswasser vermengen. Der Teig soll relativ dünnflüssig sein, um eine leichte und knusprige Textur zu gewährleisten. Die Salbeiblätter und die einzelnen Zucchiniblütenblätter in den Tempurateig tauchen und bei 160 °C 1½ Min. frittieren. Auf Küchenpapier abtropfen lassen. Kochen Sie die Makkaroni 9 Min. in reichlich sprudelnd kochendem Salzwasser al dente.

Währenddessen in einem großen Topf bei mittlerer Hitze die Tom kha gai-Geflügelbouillon heiß werden lassen. Die Makkaroni abgießen, in die heiße Bouillon geben und vermengen, bis die Nudeln ganz und gar von der Bouillon ummantelt sind. Die Nudeln auf Suppenteller verteilen, die gebackenen Tomaten, Tempura-Salbei und -Gemüse, die Auberginenstückchen und die Zwiebelringe darauf anrichten. Mit Thai-Basilikumblättchen bestreuen und mit dem Tomatensirup beträufeln.

Bentobox mit Spaghettoni & Tomaten-Sesampaste

Für 4 Personen
Vorbereitungszeit 25 Minuten
Kochzeit 20 Minuten

320 g Spaghettoni
8 Shiitakepilze
4 Stengel Wasserspinat
3 junge frische Knoblauchzehen, geschält
1 Lotuswurzelknolle
4 Stengel Knoblauchgras
5 TL weißer Balsamico
4 EL Tosazusauce (S. 40)
4 EL jap. Sojasauce für Nudeln (S. 40)
½ TL grüne Yuzukoshōpaste (S. 40)
6 EL Olivenöl
5 TL Sesamöl
160 g Tomaten-Ingwerpaste
100 g Tempurateig
160 ml Eiswasser
½ Zitronengrasstengel
3 Lauchzwiebeln
200 ml Tom kha gai-Geflügelbouillon (S. 28)
1 l Frittieröl
einige frittierte Basilikumblätter (folgen Sie der Anleitung für frittierte Curryblätter auf S. 64)
einige Korianderblüten
2 TL Sesamsamen
Salz

Die Shiitakepilze vierteln und die Viertel nochmals halbieren. Wasserspinat putzen und in 2 cm lange Abschnitte schneiden. Die Lotuswurzel schälen und mit einer Mandoline in sehr dünne Scheiben schneiden, in kaltes Wasser geben.
2 Stengel Knoblauchgras sehr feinhacken.
In einer Schüssel 4 TL Balsamico, Tosazusauce, Sojasauce für Nudeln, Yuzukoshōpaste, feingehacktes Knoblauchgras, 3 EL Olivenöl und 2 TL Sesamöl miteinander verrühren.
Die restlichen 3 TL Sesamöl mit der Tomaten-Ingwerpaste verrühren.
Für den Tempurateig das Mehl mit dem Eiswasser vermengen. Der Teig soll relativ dünnflüssig sein.
In einer Pfanne bei schwacher Hitze das geputzte Zitronengras in 2 EL Olivenöl anschwitzen. Die Shiitakepilze hinzufügen und in 2–3 Min. Farbe nehmen lassen. Den feingehackten Knoblauch dazugeben und 1 Min. anbräunen. In eine Schüssel geben und warmstellen. In derselben Pfanne bei hoher Hitze den Wasserspinat in 1 EL Olivenöl anschwitzen, mit Balsamico ablöschen und zu den Shiitakepilzen geben.
Kochen Sie die Spaghettoni etwa 11 Min. in reichlich sprudelnd kochendem Salzwasser al dente, dann abgießen.
Die Lauchzwiebeln putzen. Das Grüne 1 cm oberhalb der Zwiebel abschneiden und feinhacken, die Zwiebeln beiseitestellen. In einem großen Topf bei mittlerer Hitze die Bouillon heiß werden lassen. Spaghettoni hineingeben und vermengen, bis sie von der Bouillon ummantelt sind, dann das Lauchzwiebelgrün unterrühren.
In einem hohen Topf das Frittieröl auf 160 °C erhitzen. Die Lotuswurzelscheiben etwa 1 Min. frittieren. Auf Küchenpapier abtropfen lassen.
Die Lauchzwiebeln in den Tempurateig tauchen und in 1½ Min. knusprig frittieren. Auf Küchenpapier abtropfen lassen.
Die Nudeln ins größte Fach einer Bentobox geben und mit der Sauce für die Nudeln übergießen. Die Tomaten-Ingwer-Sesampaste, die Shiitakepilze mit den Wasserspinatstückchen, und die frittierten Basilikumblättchen, Lotusscheiben und Tempura-Lauchzwiebeln auf die anderen Fächer (s. Foto) verteilen.
Einige Korianderblüten auf die Nudeln und Sesamsamen auf die Tomaten-Ingwerpaste streuen. Sofort servieren.

Süße Pasta

Riso mit vanillierter Kokosmilch & Misokaramell

Für 4 Personen
Vorbereitungszeit 15 Minuten
Kochzeit 45 Minuten

240 g Riso (Reiskornnudeln aus Buchweizen)
½ Brioche
500 ml Kokosmilch
80 g Zucker
2 Vanillestangen
160 g gezuckerte Kondensmilch (Milchmädchen)
100 g helle Misopaste (S. 38)
140 g Dulce de leche
50 g Süßrahmbutter + 50 g Süßrahmbutter geschmolzen
3 EL Puderzucker
1 l Vollmilch
80 g weiße Schokolade (vor Gebrauch ins Gefrierfach geben, dann lässt sie sich leichter reiben)

Die halbe Brioche ins Gefrierfach geben.
Backofen oder Grill auf 180 °C vorheizen.
Kokosmilch mit dem Zucker in einen Topf geben.
Eine Vanillestange halbieren, das Mark mit einem spitzen Messer herauskratzen und zu der Kokosmilch geben. Bei schwacher Hitze köcheln lassen, bis eine cremige Konsistenz entstanden ist. Abkühlen lassen.
Die gezuckerte Kondensmilch mit der Misopaste und der Dulce de leche in einen weiteren Topf geben.
Die zweite Vanillestange halbieren, das Mark mit einem spitzen Messer herauskratzen und dazugeben. Auf ganz schwacher Hitze etwa 20 Min. leise köcheln lassen.
Vom Feuer ziehen und 50 g Butter in kleinen Würfeln hineinrühren. In eine Schüssel gießen, mit Klarsichtfolie abdecken und kühlstellen.
Die halbe Brioche in etwa 2 mm dünne Scheiben schneiden, die Scheiben jeweils von beiden Seiten mit geschmolzener Butter bepinseln und mit Puderzucker bestäuben. Im Backofen oder unter dem Grill in 4–5 Min. goldbraun werden lassen.
Die Vollmilch aufkochen, Riso hineingeben und etwa 5–6 Min. köcheln lassen. Reiskornnudeln abgießen, in die Kokosmilchreduktion geben und vermengen, bis die Nudeln ganz und gar ummantelt sind.
Die Nudeln auf vier Schüsseln verteilen, und die Misokaramell darüber gießen. Mit einer Mikroreibe weiße Schokolade darüber reiben und mit den getoasteten Briochescheiben servieren.

Capelli d'angelo mit Gianduia-Nougat & Pekannüssen

Für 4 Personen
Vorbereitungszeit 10 Minuten
Kochzeit 10 Minuten

240 g Capelli d'angelo (Engelshaarnudeln)
150 ml + 500 ml Kokosmilch
150 ml gezuckerte Kondensmilch (Milchmädchen)
120 g Gianduia-Nougat (S. 220)
80 g + 80 g Zucker
150 g Pekannüsse
1 l Vollmilch
20 g Kakaopulver

In einem Topf 150 ml Kokosmilch mit der gezuckerten Kondensmilch aufkochen lassen. Die heiße Flüssigkeit auf den Gianduia-Nougat gießen und alles gut miteinander vermengen. Mit Klarsichtfolie abdecken und kühlstellen.

In einem Topf 500 ml Kokosmilch mit 80 g Zucker bei schwacher Hitze auf die Hälfte reduzieren, bis eine cremige Konsistenz entstanden ist. Abkühlen lassen.

Die Pekannüsse grobhacken.

In einer beschichteten Pfanne 80 g Zucker mit 2 EL Wasser karamellisieren lassen. Wenn das Karamell eine schöne goldene Farbe hat, die Pekannüsse hinzufügen und von allen Seiten glasieren lassen. Sofort aus der Pfanne auf ein Stück Backpapier kippen und abkühlen lassen.

Die Vollmilch aufkochen, die Capelli d'angelo hineingeben und 2 Min. kochen lassen. Nudeln abgießen, in die Kokosmilchreduktion geben und vermengen, bis die Nudeln ganz und gar ummantelt sind. Abkühlen lassen.

Vier Schalen mit der Gianduia-Sauce ausgießen, dann die Nudeln mithilfe eines Schöpflöffels und einer Gabel zu einem Nest drehen und daraufsetzen. Mit den karamellisierten Pekannüssen bestreuen und mit Kakaopulver bestäuben.

Kokos-»Bouillon« mit Coquillettes, Datteln, Kumquats & glasierten Maronen

Für 4 Personen
Vorbereitungszeit 20 Minuten
Kochzeit 55 Minuten
Marinierzeit 40 Minuten

240 g Buchweizen-Coquillettes
200 g tiefgefrorene Kokosflocken
60 g Kokoswasser
160 g Kokosmilch
1 Vanillestange
60 g + 60 g + 40 g Zucker
Kardamomsamen aus 2 Kardamomkapseln
2 Blatt Gelatine
300 ml Wasser
1 Zitronengrasstengel
8 Kumquats
100 ml Vin de noix (S. 220)
1 Zimtstange
4 Medjouldatteln, entsteint, halbiert
1 l Vollmilch
4 glasierte Maronen, halbiert

Kokosflocken sowie Kokosmilch und –wasser in einen Topf geben.

Die Vanillestange halbieren, das Mark mit einem spitzen Messer herauskratzen und zu der Kokosmilch geben, ebenso 60 g Zucker sowie die Kardamomsamen. Das Ganze einmal aufkochen lassen, Hitze reduzieren und etwa 15 Min. leise köcheln lassen.

Vom Feuer ziehen, die in kaltem Wasser eingeweichte Gelatine hineinrühren, und die Masse durch ein Sieb passieren. Mit Klarsichtfolie abdecken und kühlstellen, bis eine cremige Konsistenz erreicht ist.

Zitronengrasstengel waschen, trockenschütteln, die äußeren, harten grünen Blätter entfernen und halbieren.

Das Wasser mit 60 g Zucker und dem Zitronengras einmal aufkochen, dann 30 Min. bei schwacher Hitze köcheln lassen und vom Feuer ziehen.

Jede Kumquat am unteren Ende einmal kreuzweise einschneiden, dann in den heißen Zuckersirup ganz eintauchen. Diesen weitere 30–40 Min. bei ganz schwacher Hitze köcheln lassen. Dann abkühlen lassen.

In einem kleinen Topf den Vin de noix mit 40 g Zucker und der Zimtstange zum Kochen bringen und flambieren, die Hitze reduzieren, den Vin de noix auf die Hälfte einkochen und über die Datteln gießen. Abkühlen lassen.

In einem Topf die Milch aufkochen lassen, die Coquilettes hinzufügen und etwa 5–6 Min. köcheln lassen, dann abgießen.

Geben Sie die Nudeln mit 4–5 EL Kokos-»Bouillon« in eine Schüssel, gut vermengen und abkühlen lassen.

Die Nudeln auf vier kleine Schüsseln verteilen, und die restliche Kokos-»Bouillon« angießen. Die Datteln, Kumquats und glasierten Maronen darauf anrichten und servieren.

Frittierte Nudelblätter mit Zucker & Zimt sowie Apfelmarmelade in Vin de noix

Für 4 Personen
Vorbereitungszeit 20 Minuten
Kochzeit 1 h 35

12 Gyōza-Nudelblätter
50 g + 50 g Zucker
100 ml Vin de noix (S. 220)
1 Sternanis
1 Vanillestange
1 Zimtstange
6 Äpfel (Reinettes)
40 g frisch geschälter Ingwer, sehr feingehackt
300 ml Vollmilch
40 g kandierter Ingwer
10 g kandierte Yuzu
2 Tropfen Orangenblütenwasser
4 Eigelb
500 ml Traubenkernöl (zum Frittieren)
2 EL Puderzucker
1 TL Zimtpulver

Backofen auf 120 °C vorheizen.

Bereiten Sie den Sirup zu, dazu geben Sie 250 ml Wasser, 50 g Zucker, den Vin de noix und den Sternanis in einen Schmortopf. Die Vanillestange halbieren, das Mark mit einem spitzen Messer herauskratzen und in den Topf geben. Einmal aufkochen lassen und 30 Min. bei schwacher Hitze köcheln lassen.

Die ungeschälten gewaschenen Äpfel (ungeschält, damit das Pektin erhalten bleibt) kleinwürfeln und mit dem feingehackten Ingwer in den Sirup geben. Bei schwacher Hitze abgedeckt 15 Min. köcheln lassen, dann den Topf abgedeckt für 40 Min. bei 120 °C in den Backofen geben. Am Ende sollten Sie eine schöne stückige Marmelade erhalten. Abkühlen lassen.

In einem Topf die Milch mit kandiertem Ingwer, Yuzu und 2 Tropfen Orangenblütenwasser einmal aufkochen lassen, und die Hitze sofort stark reduzieren.

In einer Schüssel das Eigelb mit 50 g Zucker schnell verschlagen, und diese Masse unter ständigem Rühren mit einem Holzspatel in die gewürzte Milch gießen. Die Mischung darf auf keinen Fall kochen. Wenn die Mischung heiß ist, d.h. etwa 85 °C erreicht hat, durch ein Sieb abgießen, mit Klarsichtfolie abdecken und kühlstellen.

Das Traubenkernöl in einem hohen Topf auf 180 °C erhitzen. Die Nudelblätter in etwa 3 Min. knusprig frittieren, dann auf Küchenpapier abtropfen lassen und mit Puderzucker und Zimtpulver bestäuben.

Die Apfelmarmelade mit den frittierten Nudelblättern auf vier Tellern anrichten, Apfelsauce und würzige Eiermilch angießen, mit kandiertem Ingwer sowie Yuzu garnieren und servieren.

Gedämpfte Gyōza mit Kokoskaramell, Bananenmus & Passionsfruchtsaft

Für 4 Personen
Vorbereitungszeit 30 Minuten
Kochzeit 20 Minuten
Marinierzeit 30 Minuten

8 Gyōza-Nudelblätter (Gyōza sind japanische Teigtaschen)
150 g + 100 g + 60 g + 70 g Zucker
300 g frisch geraspelte Kokosflocken (aus dem Gefrierfach)
1 Prise Zimtpulver
2 Vanillestangen
½ Zitronengrasstengel
2 EL weißer Rum
300 g Mini-Bananen
Saft von 1 Zitrone
20 g + 30 g Süßrahmbutter
150 ml Passionsfruchtsaft
1 Eigelb

In einer beschichteten Pfanne 150 g Zucker mit 3 EL Wasser karamellisieren. Wenn das Karamell eine schöne goldene Farbe hat, die Kokosflocken hinzufügen und glasieren lassen. Mit Zimt bestäuben. Sofort aus der Pfanne auf ein Stück Backpapier kippen und abkühlen lassen.

Zitronengrasstengel waschen, trockenschütteln, die äußeren, harten grünen Blätter entfernen und der Länge nach halbieren. Die Vanillestangen halbieren, das Mark mit einem spitzen Messer herauskratzen.

Bereiten Sie nun den Bananensirup zu, dazu 100 ml Wasser mit 100 g Zucker, dem Mark von einer Vanillestange, Zitronengras und dem weißen Rum in einen Topf geben. Einmal aufkochen lassen und bei sehr schwacher Hitze etwa 30 Min. leise köcheln lassen. Dann Vanillestange und Zitronengras entfernen.

Die Bananen schälen, in Scheiben schneiden und mit dem Zitronensaft vermengen.

In einem Topf 20 g Butter aufschäumen lassen, die Bananen sowie 60 g Zucker dazugeben und bei schwacher Hitze etwa 2 Min. köcheln lassen, ohne dass die Bananen Farbe nehmen. Vom Feuer ziehen, den Bananensirup angießen, gut vermengen und etwa 3 Min. pürieren, es sollte ein glattes Püree entstehen. Warmstellen.

In einem Topf den Passionsfruchtsaft mit 70 g Zucker einmal aufkochen lassen, das Mark der zweiten Vanilleschote hineinrühren, vom Feuer ziehen und 30 g Butter in Würfeln hineinrühren. Warmstellen.

Legen Sie 8 Nudelblätter auf einer leicht bemehlten Arbeitsfläche aus. Geben Sie jeweils ein wenig Kokoskaramell auf die Mitte eines jeden Blattes. Die Blattränder mit dem Eigelb, das zuvor mit ein wenig kaltem Wasser verrührt wird, bepinseln. Das Blatt dann einmal falten, wodurch sich ein Halbmond ergibt. Die Teigtaschenränder sehr fest zusammendrücken. Die Teigtaschen in einen (vorzugsweise mit Pergamentpapier ausgelegten) Bambusdämpfer oder Dampfgarer geben und 4 Min. über einem siedenden Wasserbad dämpfen.

Vier Schalen bereitstellen und jeweils ein wenig Bananenmus, zwei Teigtaschen, Kokoskaramell darin anrichten, mit Passionsfruchtsaft umgießen und servieren.

Glossar & Register

Bonnotte, das heißt so viel wie »die kleine Gute«, ist eine Kartoffelsorte von der franz. Insel Noirmoutier, sie gilt als die Königin der franz. Speisekartoffeln. Diese Frühkartoffel wird nur für kurze Zeit angeboten, die Ernte ist gering. Eine Besonderheit dieser exquisiten Kartoffel ist, dass sie mit Tang gedüngt wird. Sie ist vorwiegend festkochend mit gelbem Fruchtfleisch.

Dulce de leche bedeutet so viel wie »Milch-Süßigkeit« und ist eine in ganz Lateinamerika verbreitete Creme, die als Brotaufstrich verzehrt wird. Sie besteht aus Milch, Zucker und Vanille.

Fregola (Pasta di semolina di grano duro) ist eine sardische Pastaspezialität aus Hartweizengrieß. Die kleinen Kugeln sind geröstet, und eben dem Rösten verdanken sie ihren außergewöhnlichen Geschmack. Die gekochte Pasta ist außen weich, behält aber einen relativ festen Kern und eignet sich daher besonders als Suppeneinlage.

Gianduia heißt der ursprünglich aus Turin stammende dunkle Nougat. Er besteht hauptsächlich aus gerösteten und anschließend gemahlenen Haselnüssen sowie Schokolade, Zucker, Kakaobutter und Vanille.

Gyōza ist der japanische Name für eine Teigtasche. Die Teigtaschen sind ähnlich wie Ravioli oder Maultaschen oder aber wie die osteuropäischen Pelmeni. Auf Chinesisch heißen sie *Jiǎozi* und auf Koreanisch *Mandu*. Den Teig kann man fertig in asiatischen Supermärkten kaufen.

Piment d'Espelette ist eine französische Spezialität aus dem Baskenland. Es handelt sich um ein beliebtes Chiligewürz, das aus der aromatischen Chilisorte Gorria gewonnen und rund um den kleinen Ort Espelette angebaut wird. Sein Aroma ist moderat-pikant, fruchtig und leicht rauchig.

Rao Ram wird auch Vietnamesischer Koriander genannt. Es handelt sich um ein wohlduftendes Knöterichgewächs. Es schmeckt nach Koriander mit starker zitroniger Note und wird im Allgemeinen frisch verwandt.

Sabodet, auch *coudenat* oder *coudenou* genannt, ist eine dicke Kochwurst aus Schweinekopf, Zunge, Schweineschwarte und Rindfleisch, die in Lyon hergestellt wird und dort als Spezialität gilt. Ihren Namen hat die Sabodet vermutlich von ihrer ursprünglichen Form, die wie ein Holzschuh (frz. *sabot*) aussah.

Savora ist eine mehr als 100 Jahre alte milde aromatische Senfkreation auf der Basis von elf Gewürzen sowie Malzessig. Sie steht in jedem französischen Bistro auf dem Tisch und ist unverzichtbarer Begleiter vieler Fleisch- und Wurstgerichte.

Sobrasada de Mallorca ist eine luftgetrocknete, streichfähige mallorquinische Rohwurst, die aus Speck, Schweinefleisch, Paprikapulver, Salz und Gewürzen hergestellt wird und langsam nach einem traditionellen Herstellungsverfahren im Trockenraum reift.

Vin de noix ist ein traditionelles Getränk, das als Apéritif oder zum Dessert speziell in Südfrankreich und Norditalien getrunken wird. Es wird aus grünen (also noch weichen) Walnüssen hergestellt, die 40 Tage in Wein (Rotwein in Frankreich) oder hochprozentigem Alkohol (Grappa in Italien) sowie Gewürzen eingelegt werden.

Weichschalenkrabben, auch Butterkrebse genannt, sind Krabben, die unmittelbar nach der Häutung gefangen werden. Da der Panzer nicht mitwächst, werfen ihn die Tiere von Zeit zu Zeit ab. In diesem Zustand sind die Krabben ganz weich und können im Ganzen gebraten und verzehrt werden. Das blütenweiße und zarte Fleisch schmeckt feiner als das von Krabben mit hartem Panzer. Krabben sind die am höchsten entwickelte Art der Krebse.

DANKSAGUNG

Ganz besonders möchte ich mich bedanken bei:

Marie-Christine, meiner Frau die meine Projekte jedes Mal unterstützt,

Mathilde und Benoît, meinen »treuesten Kritikern«,

Louis Laurent GRANDADAM dafür, wie er die Gerichte in Szene setzt, für seine Kameradschaft und weil er einfach gut ist,

Valérie und Roland FEUILLAS, weil sie mich bei »Maîtres de mon Moulin« willkommen geheißen und mit ihren ethischen Grundsätzen und ihren Anforderungen an Qualität meine Wahrnehmung geschärft haben,

Toshiro KURODA für seine großartigen japanischen Produkte und dafür, dass er sein Atelier für Aufnahmen zur Verfügung gestellt hat,

Bénédicte und Michel BACHÈS, Annie BERTIN, Olivier DURAND, Joël THIÉBAULT, diesen Juwelieren der Natur,

Alexandre DROUARD und Samuel NAHON für ihr Netzwerk engagierter Produzenten.

Auch bei:

Cédric CASANOVA für seine wunderbaren Olivenöle und sizilianischen Produkte, und

Andrea Maria CAVALIERI für ihre sehr schöne Pasta-Kollektion,

und bei:

allen Herstellern und Anbauern, sowie Paul ANDREJAC, Martin MAUMET, Bruno LAPORTE, und Antonio MENDES für ihre wertvolle Mitarbeit bei der Ausarbeitung der Rezepte.

Ich danke allen meinen Mitarbeitern für ihre Dynamik und ihr Engagement, insbesondere Fabienne dafür, dass sie alle Rezepte in Form gebracht hat, Chae Rin VINCENT für seine Geduld, seinen Rat und seine Texte, Laure ALINE und Florence LÉCUYER für ihren Enthusiasmus, dank dessen es nach dem Bouillon-Buch jetzt auch noch dieses über Pasta gibt.

Mein Dank gilt auch den Teams von La Martinière.